# 触摸教育的脉搏

王永田 著

中国海洋大学出版社
·青岛·

图书在版编目（CIP）数据

触摸教育的脉搏／王永田著．－－青岛：中国海洋
大学出版社，2023.7
　　ISBN 978-7-5670-3555-3

　　Ⅰ．①触…　Ⅱ．①王…　Ⅲ．①中小学教育－教育研究
Ⅳ．①G632.0

中国国家版本馆 CIP 数据核字(2023)第 129456 号

CHUMO JIAOYU DE MAIBO
**触摸教育的脉搏**

| | | | | |
|---|---|---|---|---|
| **出版发行** | 中国海洋大学出版社 | | | |
| **社　　址** | 青岛市香港东路 23 号 | | **邮政编码** | 266071 |
| **出 版 人** | 刘文菁 | | | |
| **网　　址** | http://pub.ouc.edu.cn | | | |
| **电子信箱** | appletjp@163.com | | | |
| **订购电话** | 0532-82032573（传真） | | | |
| **责任编辑** | 滕俊平 | | **电　　话** | 0532-85902342 |
| **装帧设计** | 青岛汇英栋梁文化传媒有限公司 | | | |
| **印　　制** | 青岛国彩印刷股份有限公司 | | | |
| **版　　次** | 2023 年 7 月第 1 版 | | | |
| **印　　次** | 2023 年 7 月第 1 次印刷 | | | |
| **成品尺寸** | 170 mm × 240 mm | | | |
| **印　　张** | 9.75 | | | |
| **字　　数** | 180 千 | | | |
| **印　　数** | 1—2100 | | | |
| **定　　价** | 49.00 元 | | | |

发现印装质量问题,请致电 0532-58700166,由印刷厂负责调换。

# 目 录 CONTENTS

# 第一辑

## 铭记终生的师长

让学生成为人才是教师的共同愿望。"人才"一词中为什么把"人"放在前面、把"才"放在后面呢？"先成人，再成才"的道理大家都懂，但未必都那样做。

孩子总有一天要离开家庭、离开学校，走向社会。到那时他（她）眼中的父母是什么样的、老师是什么样的，这些基本的认识会影响他们的养儿育女观。这种影响其实就是教育的延时性。"十年树木，百年育人"也是这个道理。"种瓜得瓜，种豆得豆"更是说明了其中的因果关系。

如今，我已到了知天命的年龄，回忆自己的老师，回忆自己的母校，除了感恩，更多了些许温暖。

# 老师，我心灵的守护者

一个人在学生时代所受的教育对其成长的影响是深远的。幸运的是，我在学生时代就遇到了两位非常优秀的老师，他们给予我心灵的滋润，让我终生难忘。

## 一、我一生中遇到的最好的书房

第一位让我终生难忘的老师是初中时的班主任——罗俊岭老师。

1982年秋，我上初三。刚分配来的物理老师非常负责，为了补上因上一任物理老师生病给我们落下的课程，罗老师决定利用秋收放假的机会给我们补课。我家离学校非常远，所以我一直住在学校附近的亲戚家里。这天中午，罗老师把我叫到他的家里，说："我和王老师（罗老师的爱人，也是我的语文老师）要回老家一趟，这周你就给我看家吧。王老师蒸了一锅馒头够你这几天吃的。这还有一盒糖，书橱里有课外书，你可以随便看。"我高兴得不得了！要知道1982年我们村还在吃窝头！望着一锅雪白的馒头，我真的不知说什么好！同学们都说："你真有福气！能给我们的罗老师看家。"在同学们的羡慕声中，夜幕慢慢降临了。这可愁坏了高度兴奋了一天的我：望着干净漂亮的床单，我洗了好几遍脚就是不敢往床上躺，一个劲儿地在房间里转，不知如何是好。最后，我跑到亲戚家里，把被褥抱来，铺在床上方才躺下。

在随后的六天里，我吃着香甜的馒头，从书橱里小心翼翼地抽出一本本书，捧在手中，独自享受着夜晚的宁静。短短的六天里，我如饥似渴地把书橱里为数不多的书全部读完了！糖却没舍得吃一块，对我来说，这些糖太珍贵了！

如今，40多年过去了，生活已经富足，我也早已有了自己的书房。但每每想起罗老师的茅草小屋，那种恬静、温馨的感觉都无以言表，那是我一生中遇到的最好的书房！

## 二、面条加鸡蛋的幸福

1983年考入师范后，我又遇到一位非常关心我的班主任——田泰安老师。

新生开学不久，我便生病了，高烧不退，只好白天一个人孤零零地躺在宿舍里，高烧时吃上一把药，喝上一茶缸白开水，之后便蒙头大睡。就这样迷迷糊糊地过了三天，仍不见好转。我既担心学业，又特别想家，有时心里一酸就用被子蒙住头放声痛哭。

正当我情绪低落到谷底的时候，田老师捧着搪瓷缸笑容满面地走进了我的寝室，亲切地说道："怎么，一个小伙子竟然让感冒放倒了！来，我给你准备了面条加鸡蛋，你趁热吃吧，吃完就好了！"随后，又拿出药片嘱咐我饭后服用。端着热气腾腾的面条，我狼吞虎咽地吃了起来，眼里瞬间盈满了雾气。不一会儿，我便满头大汗，一颗颗汗珠滴落在端着的大搪瓷缸中。那一刻，我已分不清那是汗水，还是泪水。唯一能感受到的是田老师对我的关爱和鼓励。

到了下午，我就感觉浑身有劲了，病好了许多。第二天，竟真的痊愈了。后来，田老师这比药都管用的面条加鸡蛋，还温暖过很多生病的同学。

如今，我深深地体会到：罗老师信任的背后是对我无言的期盼；田老师的慈祥、淳朴，源自对学生无私的关爱。正是这种无言的信任，让我在工作中，面对学生学会了等待；也是老师的厚重和博爱，让我学会了带着爱心去探索。每当忆起往事，我的眼前就会浮现出那间茅草小屋，那个白色的搪瓷缸，就会感觉内心无比纯洁、澄明、温馨。老师，你们永远是我心灵的故乡！

（原文发表于《班主任》2010年第8期）

3

# 让瞬间化作美丽的永恒

我的身体素质一般,爆发力不强,耐力也一般,体育成绩自然平平。尽管如此,我却对体育非常着迷,因为我遇到的体育老师个个了不起。

## 一、庞集中学的罗俊岭老师

进入初中的第一节体育课,我们排好整齐的队伍等待老师的到来,煞是隆重。一位身材高挑的老师走来了,白皙的面孔,炯炯有神的双目,整洁的衣着,轻盈的脚步,英俊潇洒,堪称美男子。他就是体育老师罗俊岭老师。我因为罗老师的干净、清爽而喜欢上了体育课。

初中二年级的时候,他又成了我们的英语老师。有一次,我问英语问题,他坦诚地说:"我只是参加了三个月的培训,以后靠着听收音机自学,边学边教你们。你提的这个问题我也不会,实在无法解答。"这句话让我很震惊:敢于在学生面前承认自己知识的不足,需要多么大的勇气!这份坦诚告诫我"知之为知之,不知为不知",不知就要学。

到了初中三年级,罗老师又当了我们的班主任。他很少疾言厉色,总是循循善诱,和风细雨。当时我就想:长大后我一定要像罗老师一样做个有修养、有温度的人!

## 二、山东省惠民师范学校的孙红岩老师

孙老师教我们那时刚毕业,初为人师。他给我们上的第一节体育课就是内堂,面对着编排秩序册中的排列组合问题,他讲得面红耳赤、结结巴巴,一节课下来挥汗如雨!因此,我们就盼着刮狂风、下大雨,盼着上室内课,看孙老师的窘相。

操场上的孙老师简直就像换了个人。他的示范动作那么舒展、优美,尤其是背跃式跳高就像是横杆上划过了一道美丽的彩虹。他的每节课都设置了学生示范动作环节,我有时因动作标准而被孙老师选中为同学示范。在体育力量角逐中表现平平的我,这时就有了用武之地,因此,我天天盼着上体育课,盼着能展示自我。

孙老师是练田径的，但他的篮球技术同样出色，身高仅一米七的他竟然能盖身高一米八"大个儿"的"帽儿"。他静若水、动若风，运球突破、分球似闲庭信步。我们都是孙老师的铁杆球迷，每次他参加篮球比赛，我们的嗓子喊哑了、手拍红了。

此后，我更加乐此不疲地热爱着体育，享受着体育。晨光微照的操场上，有我跑步的身影；课外活动的球场上，有我三步上篮的身姿。日积月累中，体育磨炼了我的意志，增强了我的体魄。

孙老师治学严谨，体育课上决不允许学生偷懒。没人敢在他的课堂上随便应付，在我们的心中孙老师威严无比。在师范学校的三年学习生活中，他始终关心着一个身体素质很差的学生。孙老师一直帮助他、鼓励他：积极锻炼身体，坚持，坚持，再坚持。在孙老师的关心和鼓励下，这个学生的所有体育成绩都合格了。在严厉的背后，我看到了孙老师对学生的爱。

力与美的和谐、严与爱的统一成了我对孙老师永恒的记忆！

## 三、邓王中学的张道德老师

1986年，我从山东省惠民师范学校（简称"惠民师范"）毕业后被分配到无棣县邓王中学当教师。在这里，我结识了张道德老师。

他是一名民办老师，微薄的薪水不足以支撑他"上有老，下有小"的家，但也不影响他"认认真真上课，踏踏实实训练"的工作热情。

他的妻子身体不好，赶上农忙时节，就需他一个人来打理家中的十几亩农田。作为体育老师的他，日日晨起夜寐，从没耽误一次学生的晨训和早操。当时，就有老师笑言："张老师，你一个体育老师，比我们这些文化课老师都忙活。"他说："我没有经过系统的师范教育，不是'科班'出身，得努力让学生爱上我的课。"言语不多，但铿锵有力。功夫不负有心人，在他的带领下，邓王中学的体育成绩一直位居全县前列。

当我问他工作的动力是什么时，他说："教书和种地一样，春耕秋收；教书又和种地不一样，因为它对于我们个人来说永远是一种发现、一种成长。"他乐此不疲地带队训练，会根据学生的心理需求用心上课，用情育人。

在这样平凡而琐碎的工作中，他用日常的点滴付出赢得了最厚重的精神财富。他说："我没有叶圣陶先生的深厚学识，没有陶行知先生的教学策略，唯有对这份工作的热爱。只要家乡的三尺讲台需要我，即使两鬓斑白，我也会用心去书写'坚守'二字。"

# 其实，时光可以"倒流"

岁月似流水，从教 25 年了，我已至不惑之年。2011 年 7 月 16 日，在两位老班长的召集下，惠民师范 83 级中师班的同学们终于重聚母校。这天是农历六月初六，正好是星期六，也是 25 年前我们离开母校的日子，寓意"六六大顺"！

## 一、教室，留住时光的摇篮

上午 9 点整，我们准时踏进了母校的大门。主道两边的教学楼和办公楼都是后来修建的，颇为雄伟壮观。主道尽头，我们读书时的教学楼掩映在树丛之中，显得矮小、苍老。走近教学楼，我怔怔地望着：还是老样子，教学楼的正门都没有换，是一推就吱吱作响的大木门。

在教学楼前照完合影，我们依次走上了二楼的教室，不约而同地坐在自己当年的座位上，一时间教室里鸦雀无声。一幕幕往事涌上心头：初到学校，平生第一次看见教学楼，那么新鲜。宽敞明亮的教室里桌椅整齐，感觉那么舒适。课堂上老师们方言各异，那么有趣。课下同学们争相模仿老师带有浓重乡音的课堂语言："锌加稀硫酸，氢气往外蹿""盐的水解，无弱不解；谁强呈谁性，弱弱由 k 定"。模仿得惟妙惟肖。

难忘张国平老师的数学课，40 分钟的课，他最多讲授 20 分钟，剩下的时间就是拓展练习。他最喜欢学生提问题了，每当学生有不懂的数学题时，他都会耐心细致地解答，用右手的食指和拇指推推白皙面孔上的黑框眼镜，慈祥地说道："这个问题可以这样考虑……"张老师在教室巡视一圈后会再来到学生的身边，弯下腰说："这个问题还可以这样考虑……"有时一道题竟给出四五种不同的解法，这就叫"学高为师"。

此时，我静静地坐在课桌后，同桌也默不作声，大家就这样默默地看着黑板，让思绪自由地飘回 28 年前：晚自习时，教室里静悄悄的，同学们有的在做作业，有的在预习。刚开始，我是不会预习的，以为预习就是提前把课本看一下，看到同桌预习提出那么多问题，我诧异了！自己怎么提不出问题呢？于是静下心来看书，沉下心来思考：这个问题逆向思维是否合理？发散思考又会出现什么样的结果？前后有什么联系？问题想多了，书也就读"厚"了。

我正在甜美地回忆着，昔日的老师们走进了教室。年逾八旬的蔡晓光老师走上讲台，慈祥地说："今天，我不是来讲课的！"他的声音铿锵有力，底气十足。一听这声音就知道他老人家身体硬朗！

按照活动安排，在教室里坐了十几分钟我们就离开了。走到教室门口我又回头留恋地张望，"物是人非事事休，欲语泪先流"。

默默地走着，却不自觉地吟出"开我东阁门，坐我西阁床"，我终于感受到了木兰从军回家后的心境。

再见了，83级中师2班的教室！再见了，我的花季年华！

## 二、师爱，永不褪色的教育风景

聚会活动的第二项重要内容是老师和学生代表发言，最难忘的是田泰安老师的致辞。

"今天我没有准备，只是随便说两句。"田老师浓重的济宁口音一点没变。他一边这样说着，一边从裤袋里拿出了发言稿，一下讲了40分钟，主要有三方面内容：不断学习、四个"学会"、保持健康。

老师，您又把发言情不自禁地当成自己的课堂了。望着您花白的头发，我又体会到了当学生的幸福：25年前，您悉心教导我们如何照顾自己；同学生病了，您和师母总是提着热气腾腾的饭菜来到床前，似父母般嘘寒问暖；冬天的清晨，您来到宿舍催促睡懒觉的我们出操锻炼，劳而不厌。25年后的今天，您一如既往，叮嘱我们如何做人、如何保养好自己的身体，以更好地承担起养老教小的职责。25年的时光只改变了您的容颜，却没改变您那颗滚烫的心！

回到教育的原点——爱心教育，是永不褪色的教育风景！

## 三、激情，课堂教学的生命

年逾八十的蔡晓光老师精神矍铄，为我们朗诵了毛泽东的《念奴娇·昆仑》。蔡老师的诵读抑扬顿挫，铿锵有力，热情饱满。充满激情的诵读，又点燃了我上课的热情！

我不由得想起了现在的课堂。没有激情的课堂难以撼动学生的心灵,缺乏激情的课堂已失去了生命的活力。激情来自什么?来自对文本个性化的解读;来自对生活脉搏的触摸;来自对社会反应的敏锐性;来自良知的感召和对苦难的同情。

这一天,太匆匆。即使是在这匆匆时光中,也有宁静的思考,让我仿佛回到了 25 年前那个风华正茂的年代。

# 第二辑
## 教学相长的课堂

# 我心目中理想的语文课堂

语文,传承着中华传统文化的精华,散发着文明的魅力!如此形容语文一点不为过。与其说语文是一种知识的传授,毋宁说是一种艺术,更是一种文化。

语文课堂不同于数理化课堂,不是单纯地以理性和严谨的头脑来征服考试,而是带有充分主观感情色彩的互动园地。这对语文老师的要求相当高。

学习语言,不能仅仅靠死记硬背,关键是让学生交流起来、互动起来,用感性的头脑来理解知识,在互动中获得感悟,提升能力。

闭上眼睛想一想,理想的语文课堂是什么样子呢?

柔和的阳光透过一尘不染的窗子,洒到整齐的课桌上、书本上,洒到洋溢着朝气的学生的脸上。教室里,学生在欢快地交谈,满脸轻松。老师来往于学生之间,答疑解惑,激发学生思维的火花,引导着智慧的畅想。偌大的教室,声音大而不喧杂……下课了,每个学生脸上都挂着满足的收获的微笑。

我心目中的语文课堂教学模式大胆、超前,让学生受益匪浅。没有教条的"你讲我记"的灌输,而是用体验交流的方式,使学生的综合素质在轻松活泼的氛围中得到提高。

这仅仅是一个理想吗?我不甘心!

# 我心目中的语文老师

一直以来,老师在我心中是神圣不可侵犯的。为师者是天使的化身——纯洁、善良、完美。但金无足赤,人无完人。哪怕是老师,抑或是学生黑暗迷惘中的引路人,也会有不足的。

我心目中的语文老师是什么样的呢?

第一,和蔼可亲。老师能与学生融洽相处、平易近人,心中有学生(不是嘴上说的),爱学生。

第二,博览群书。文化底蕴是评价一个语文老师的重要标准,语文老师不必有数学老师那样的精密严谨,也不必有史地老师那般博闻强识,但语文老师必须博览群书，不断学习，不断丰富自己的文化底蕴。

第三，视野宽阔。语文成绩优秀的学生，绝不是仅受益于那一本本课本，课外知识的积累更重要。在课堂上，语文老师要善于引导，由书中的知识引发出更多、更深、更妙的知识，日久天长，学生就会积少成多，点石成金。

第四，活动丰富。语文老师应带领学生多开展一些形式新颖、具有浓郁语文色彩的活动。

当语文老师着实不易！

# 关注学生的生活

## ——爱的颜色

文学家夏丏尊曾说："教育没有感情，没有爱，如同池塘没有水一样。没有水，就不能成为池塘。没有感情，没有爱，也就没有教育。"爱，就是在别人需要时，看到自己的责任，尽到自己的义务。

2003 年夏天的一个早晨，一位六年级的女班主任领着一位男孩怒气冲冲地推开了政教处的门，连珠炮似的对我说："主任，您管管这个不懂事的学生吧。我刚上完第一节课，他就跑进我们教室。我问他有什么事，他说他想干什么就干什么，我又不是他的班主任！说完就拿起一个同学的乒乓球拍往外走，我喊都喊不住……"女班主任的脸都气红了，男生站在一旁一脸的不屑。看到这种情况，我心平气和地让女班主任先离开，再和男生沟通交流。

这个男孩的情况我比较了解。父亲意外离世后，他一直跟着爷爷奶奶生活，母亲改嫁后又随母亲生活。因不适应母亲新组建的家庭，他的性格发生了很大变化——急躁、易怒、做事冲动。

如何和孩子进行沟通？遇到这种情况老师往往讲述母亲的含辛茹苦、生活的不易，借此感化孩子。但"狼来了"的故事讲多了孩子会不以为然。家庭变故的那段经历是孩子心中的痛，我何必往他伤口上撒盐呢？

我拿来一瓶黑墨水，用毛笔把一扇窗子的玻璃涂成了淡淡的黑色，把男孩叫到窗前轻声地问："孩子，你看看外面的景色如何？""模模糊糊，有些变黑了。"我又把窗玻璃擦洗干净，接着说："你再来看看。""很清楚，外面的景色很好看！""这扇窗子就像我们的内心，如果心存黑色，看到的世界都是灰暗的;如果心存阳光,看到的世界都是色彩斑斓的。想一想,有什么启发?"我平静地说道。男孩的眼神变得温润起来,"我明白了!"他转身跑到对面的办公室向刚才那位老师认错去了,我坐在办公桌前陷入了沉思……

长期以来,我们总是习惯强调母爱的力量,说母爱最崇高,但事实上,父爱的力量同样伟大。母爱和父爱缺一不可,就像一只鸟的两只翅膀。父爱的缺失是造成男孩心理变化的主要原因,现实生活中这样的孩子往往被贴上"叛逆"的标签。其实,叛逆的背后恰恰说明"爱"(内在的)的不足,诚如钱锺书所言,"内在的不足才借助外在的多余"。

下午,是四年级的思想品德课,我没有因"材"施教,而是上了一节表演课。

"同学们,一名男生到另一个班级去借乒乓球拍,班主任问他要做什么,他说老师管不着。想想后面会发生什么事?我们分小组表演一下。"

学生的表演,大体分为两种类型:斥责和引导。斥责在某种程度上说是成人管教孩子的缩影,他们把成人严厉的苛责和空洞的说教表演得惟妙惟肖。

"同学们,故事还没结束。他们又一起来到政教处找政教主任,会发生怎样的故事呢?政教主任会怎样处理这件事呢?"学生又继续表演。

在这一轮表演中,政教主任的角色活灵活现——双手叉腰、盛气凌人,又是让学生写检讨,又是找家长,既是检察官又是法官,忙得不亦乐乎!那个"可怜"的男孩瑟瑟发抖,低头弯腰。政教主任在学生的心目中就是这样的形象吗?童"演"无欺,违纪学生的"奴性"就是这样造成的。我扪心自问:政教主任该扮演什么样的角色呢?我该如何对待犯错的学生?我该如何接待犯错学生的家长?

"同学们,政教主任是这样处理这件事情的……"我把处理的过程讲了一遍,很多学生睁大了眼睛,仔细听我的讲述。

"同学们,这节思想品德课的内容课本上没有,我们能给这节课起个主题名字吗?"

学生纷纷把想好的名字郑重地写在了黑板上。最后,一个小女孩走上讲台,在黑板上工工整整地写下了四个大字:"爱的颜色",并用红色的粉笔画了一颗心,把四个大字围了起来。教室里响起了热烈的掌声。

一颗红心,代表着爱的颜色!这是我今天的意外收获。

# 关注学生的体验

## ——让我们的课堂生活化

　　书刊世界提供给学生的主要是知识,生活世界提供给学生的主要是经验。学生的书刊世界和生活世界应该是和谐统一的,有的人却人为地将两者割裂开来,使其"二元对立"。这样做的后果是什么?生活世界的缺失必将导致经验的贫乏与苍白,缺乏对个性化知识的理解。经验是知识与能力的中介,是知识与智慧的中介,是知识与修养的中介。缺少了这一中介,有知识未必有能力,有知识未必有智慧,有知识未必有修养。这样的例子屡见不鲜,举不胜举。为此,我们要打破学生的生活世界和书刊世界的界限,从生活中挖掘有效的教育资源进行"二度加工",让课堂生活化。

　　一天下午的作文课,内容是以"合作"为题写一篇文章。我没有按常规进行选题、立意等方面引导,而是创设了一种教学情境,让学生有足够的体验空间。

　　"同学们,我们来上一节室外作文课吧。请大家各拿一支白色粉笔,到教室外站队。"我领着学生来到操场旁的水泥路面上。

　　学生们睁大好奇的眼睛看着我,有的在窃窃私语,不知道我"葫芦里卖的什么药"。我说:"现在,请同学们在地上画出自己的影子。"一听这话,学生们乐了,对于初二的他们来说,这就是小菜一碟!接着一番忙碌开始了:站着画,手根本够不到地面;弯腰画,太累;蹲着画,人动影子动。学生们马上意识到,靠个人根本不能准确地画出自己的影子。于是,他们两人合作,一人站着一人画,有的同学还在画出的影子上写下了自己的名字。

　　全体学生画完后,我笑着问道:"看看我们的影子,有何感触?""我们的影子只有两类:扎辫子或长头发的就是女生,短发型的就是男生。"我继续引导:"同学们画得千影一律呀!大家都知道京剧是我们的国粹,能称得上国粹绝对有其独到的地方。比如说京剧中的脸谱,见到白脸就想到奸诈,和曹操联系在一起;见到红脸就想到忠义,和关羽联系在一起;见到黑脸就想到鲁莽、暴躁,和张飞、李逵联系在一起。为什么?""脸谱已变成一种个性化的语言!"

"对呀,我们的影子能变成个性化的语言吗?"学生们恍然大悟,赶紧画第二遍。我又"趁火打劫":"这次不能写名字!写者无效!"……

看着一个个活灵活现的影子,学生们嘻嘻哈哈地猜出了它们是谁的杰作。一节课,就这样在欢声笑语中结束了。第二节课,我让学生们根据自己的感受写一篇作文。成文很快,但出乎我意料的是以"合作"立意的仅有两个学生,其他学生的立意各不相同。例如,《告别孤独的影子》表现了一个性格内向的女孩要走出孤独的心声;《影子的启示》从李白的"举杯邀明月,对影成三人"谈起,最后落脚到"个性"的内涵……

学生的心理是多元的,他们的生活也应该是五彩缤纷的。我们要给学生足够的时间、空间,让课堂生活化、情境化、人文化。到那时,我们的学生可能会说:"老师给了我一个支点,我要撬动地球!"

# 注重学生的感悟

## ——烂梨的故事

没有活动,就没有经验。没有一定的直接经验做基础,间接经验(书本知识)就难以理解和掌握。对此,陶行知先生有过一个精辟的比喻:"接知如接枝。"他说:"我们要有自己的经验做根,以这经验所发生的知识做枝,然后别人的知识方才可以接得上去,别人的知识方才成为我们知识的一个有机部分。"所以,教学要精心地创设情境、设计活动,以便更好地切入、激活、丰富和提升学生的经验。

那是1999年,暑假开学后不久,我发现新接手的三年级学生很喜欢到办公室打"小报告",总是指责其他同学的缺点和不足。对于小学生来说,这是比较常见的现象。该如何引导学生客观公正地评价别人、认识自己呢?一连几天,我煞费苦心,总想不出好的方法。

这天晚上,妻子让我打开刚买来的一箱鸭梨尝尝鲜,我就挑了几个大的端到茶几上。还没撕开包装纸,诱人的香味已弥漫开来。撕开包装纸,正准备去洗梨,却发现最大的梨子烂了一个大洞,真扫兴!望着黄澄澄的梨子、黑色的烂洞,我突然眉开眼笑,连声说:"有了,有了!"

第二天上午的第一节课是语文课,我怀着激动的心情走进教室:"同学们,今天我给大家带来了一件礼物,你们猜猜是什么?"说着我就举起了精美的包装盒。学生们群情激昂,嚷着:"到底是什么?老师,快告诉我们吧!"

我慢慢地打开了方形的包装盒,这时坐在后面的学生们已经跑到前面来了,想一睹"芳容"。"是个正方体形状的东西!是个正方体形状的东西!"坐在最前面的"机灵鬼"不停地喊着,好像哥伦布发现了新大陆。我把"礼物"小心翼翼地从包装盒中拿了出来。包装如此精美——方方正正,外面的包装纸亮光闪闪,黄丝带做成的蝴蝶结是那么显眼!

"同学们请坐好,每个人都有机会,谁猜对了,礼物就是谁的。"学生们跃跃欲试。"魔光宝盒!""魔方""金砖!""半块砖头!"……学生们猜一次,我撕开一层包装纸。渐渐地,"礼物"的形状不像正方体了,学生们猜得更是五花八门:"小球!""仙人球!""土坷垃!"……

"同学们,这是最后一层纸了,也是最后一次机会!""一个纸团!""什么也没有!"……望着学生们焦急的目光,我示意大家安静下来。瞬间所有的目光都集中在我的手上,教室里静得连前面学生呼吸的声音都听得见。我迅速撕掉最后一张包装纸,"啊!""唉!""原来是个大梨!"学生们失望地喊了起来。

望着大失所望的学生们,我微笑着说:"能不能对这个鸭梨说几句话呢?"学生们的兴趣又被调动起来,纷纷说:"王老师一定喜欢吃鸭梨!""也许王老师家里栽了许多梨树!"我及时引导:"是对鸭梨说话,不是对我说话。"学生们都笑了,开始认真地观察起这个鸭梨来。"这个鸭梨又大又黄,一定很好吃!""我似乎闻到了梨子的香味!"坐在最前面的男生急不可耐地说:"这个鸭梨又大又黄,闻着它的香味,我的口水都快流出来了,真想吃一口啊!"听到这里,我快步走下讲台,走到他面前,学生们都以为我要把梨子送给这位同学,目光里流露出失望之色。我猛然间把梨烂的一面转向了他,"啊!""哈哈!"全班学生齐声惊讶,继而哈哈大笑,这位男生也笑得涨红了脸。

待教室里平静下来,我微笑着问:"老师送给大家的礼物是什么?"小家伙们的脸色立刻变得凝重起来,沉思了一会,开始发言:"观察一个事物要从不同的角度看,只从一个角度观察就下结论会出笑话的!""看问题要全面!""事物都有好的一面,也有不好的一面。""对,就像我们一样,每个人都有自己的优点和缺点。""我们先要看到同学的优点,不要只盯着缺点!""要全面地看待别人和自己!"

"同学们都有自己的体会,下面就以这节课的活动为内容,写一篇日记吧！"学生们饶有兴趣地写了起来，每个人都写出了自己的感受和反思，真是"纸上得来终觉浅，心中悟出始知深"。

2003年，我在无棣县实验中学任教，担任八年级八班的语文老师兼班主任。巧合的是1999年教的三年级学生中有几个就在现在的班级中。寒假前，初三年级期末考试的作文是以"课堂"为话题，写一篇作文。试卷讲评时我浏览了学生的作文，发现其中一个学生的作文题目是"课堂是一种生长——烂梨的故事"。学生在文中写道："这节课，我们在思索中前行，不是言说别人的思想，而是表达自己的心声。现在，遇到事情我总想到看问题要全面一些、客观一些。课堂是一粒种子，它能够生长。在这个生长过程中，我似乎听见了自己成长拔节的声音。"私下，我问这个学生："这么多年了，怎么还写烂梨的故事呢？""老师，不但这次写，凡是遇到'一件难忘的事''我的老师'这样的题目，我总写烂梨的故事。"她高兴地说道。听了她的话，我陷入了沉思。

我时常想，如果我们的课堂少些灌输与循规蹈矩，多些心灵的舒展与震撼，烂梨的故事就不会一写再写。当学生回顾课堂时，如果能娓娓道来，感到色彩斑斓、妙趣横生，那么，他们的人生也许会丰富得多！可惜，这样的课堂太少了。

# 关注学生的生存方式

## ——写给一位转学的学生

至今还清楚地记得你刚转学来的情景：有点凌乱的短发，略显黝黑的面孔，上课积极举手，普通话不够标准。你的一举一动透着乡村孩子的纯朴、善良与倔强。

还记得我们的第一次见面吗？那天上课，我发现教室里多了位新生，就问你从哪个学校转来的。你说出了母校的名字。我说："我们很有缘分，我刚参加工作的单位就是你的母校，不过，那是20年前的事了。"你会心地笑了，初来乍到的你，应该感觉到了新老师同样和蔼可亲！

记得第一次朗读课文的情景吗？你声音洪亮，非常勇敢，同学们都为你鼓掌，你的到来为班级增添了活力。

还记得我和你的第一次谈话吗？我发现你学习过于努力，以至于影响了睡眠,脸色蜡黄。我告诉你学习要注意方法,讲究效率。你懂事地说:"我只有取得好成绩,才能不辜负家中的父母!"

　　还记得你提出转学的那个晚自习的情景吗?你含泪告诉我转学的想法,我苦口婆心,再三挽留,都无济于事。在你走后的几天,我往你家里不知打了多少遍电话。有几次打通了,你母亲说你不在家,我想那是你在有意躲避老师和同学的电话。

　　知道吗?你走后相当长的一段时间里,你的课桌一直空着。那是我还等着你回来。

　　你走后,我一直思考着你转学的理由:数学、生物不如从同一学校转来同学的成绩好,感觉对不起父母,和家人无法交代。分数能说明一切吗?我们的一切难道都是为了分数吗?我的心情也一直不好。

　　你这一走,改变了我的思维方式。

　　那天,学校在阶梯教室举行九年级学生的期中表彰大会,我即兴创作了一首小诗——《我们走在毕业的路上》。

我们走在毕业的路上,
有忧虑,也有彷徨。
怕碰见父母失落的目光,
于是把快乐悄悄隐藏。


我们走在毕业的路上,
有压力,也有失望。
害怕看试卷上红色的分数,
所以用泪水来洗刷悲伤。


我们走在毕业的路上,
有动力,也有希望。
只要相互鼓励、敞开心房,
会发现每个同学都非常高尚。


我们走在毕业的路上,
有关爱,也有体谅。

只要师生心灵相通、共同成长，

我们一定能放飞心中的梦想！

会后，同学们说："老师，听你朗读时，我的眼中噙满了泪水。"

于是，在八年级的全体学生会议上，我发出了这样的心声："在座的许多同学是来自农村的孩子。和县城的孩子相比，你们在英语、语文方面可能暂时还有差距，但不要紧，只要用心慢慢就能赶上，这需要一个过程。县城的孩子有自己的特点：待人接物热情大方；见多识广，知识面相对较宽。农村孩子也有自身的优势：你们的父母起早贪黑，勤俭持家。在父母潜移默化的影响下，你们朴实、执着、脚踏实地，这更是非常优秀的品质。同学们，直到现在，我的八十高龄的爷爷、奶奶仍在农村，我的父母还在田间劳作。我可以非常自豪地说，我是农村长大的孩子！"很多学生在日记中写道："听了老师的讲话，我的自卑感没有了。农村的孩子也应该抬起头走路！"

在后来的岁月里，对与你一样情况的同学，我刻意加强了沟通交流。他们生病时，我和班主任到寝室去看望；他们输液时，我们也尽量抽出时间在病床前陪伴。

我写的这些希望有一天你能看到。

# 关注学生的价值

## ——一篇学生日记引起的反思

这天，我正在批阅学生的日记，王冬冬的日记映入眼帘。

### 其实我不在乎你

你以为自己是伯乐，可你发现了几匹千里马？事实上你不是。

你以为自己是英雄，可你拯救过几个迷茫的世人？事实上你不是。

你以为自己是朋友，可你抚慰了几颗孤独的心？事实上你不是。

你以为自己是闻一多，但你实现过自己的几次承诺？事实上你不是。

你以为自己是谁？我要费尽余力，强忍着微笑去讨好你。告诉你吧,其实我不在乎你。

你虚伪的鼓励再多,也比不上母亲一句"出门小心"的叮咛。你不屑一顾的眼神再狠,也比不上父亲一句无意的批评带来的伤痛。

你的几句冷语不会使我孤独的心更冰冷。

你刻薄的表情只会平息一下我浮躁的心。

你客啬的笑,你发霉的嘴,你油亮的头发,你文绉绉的样子,你放旷的小聪明,你歪曲的历史,你的一切一切都只会让我更讨厌你。

我恨你的闲愁,恨你的装羞,恨你没有积德的言语。

告诉你,我不怕你说我变态,你在我心中毫无地位,我不在乎你。

噢,忘了告诉你,我还要感谢你。

是你让我学会了虚伪,虚伪地活着对你。没有你我不会这样累,我虚伪的老师。

看完后,我想了很多:中学生逆反心理很强,有时为了一点小事,想法和做法有些过激,这是正常的。但如此偏激的言语一定有原因,我找来班主任商量,他也不知道根源。我暗自嘀咕:自己虽"文绉绉"但没有"头发油亮",至于"没有积德的嘴"更无从谈起,从来没有对学生冷嘲热讽。中国人有一个习惯,有时候莫名其妙地喜欢对号入座。不去想了,还是无则加勉吧! 一天下来,总觉有鲠在喉。不由得想起几天前公开课上的情景。

那天,我执教的是《我的叔叔于勒》。中间有这样一个教学环节——"谈谈你对菲利普夫妇的看法"。冬冬站起来评价说:

"菲利普夫妇受尽了贫穷的折磨,世事的变迁、社会的丑陋将他们的价值观彻底扭曲,他们对金钱的向往到了如饥似渴的地步。

"我认为伟大的灵魂不是一个空壳,而是有意义、有生命地延续。对于亲情的渴望与奉献,的确是一个有血、有肉、有良心的人的表现。但它不能维持与改变我们奄奄一息的生命。看到你被病魔折磨得不成人形时,有人用手擦拭着少得可怜的眼泪,对你说:'噢,你安心地走吧,你是一个好人,人们会记住你的。你一定会在九泉之下瞑目的!'在一个高尚的人眼中丑陋的金钱却可以延续你的生命,让你过上物质充足的生活,不再忍受寒冷、饥饿的折磨。菲利普夫妇对金钱的渴望并没有什么不对。只是那些无财富的文人在精神的世界中建立起一个没有钱的堡垒,莫名其妙地去讽刺那些渴望幸福的穷人。

记住,是穷人!"

"你的发言很有个性,俗话说,没有钱是万万不行的,但钱也不是万能的。还有很多金钱买不来的东西……"对于他的发言,我没有给予过多的肯定,而是给予了引导。可能我的话伤了学生的自尊。后来我想,在这一教学环节,让学生们讨论一下这个观点,效果可能会好得多。我可以不同意你的观点,但绝对尊重你发言的权利。

后来,我又执教公开课《走近李清照》,让学生们说说李清照的生平。当让冬冬回答这个问题时,他非常干脆地说:"我不知道!"我心平气和地说:"请坐!"当进行到和李清照展开心灵对话这一教学环节时,我温情地说:"再给冬冬一个机会。"这一次,他站了起来:"'寻寻觅觅,冷冷清清,凄凄惨惨戚戚'。我沿着您的凄凉寻觅着您,来到您的柴扉前,走到您的草房边。李奶奶呀,您到底在寻觅什么?也许您在寻觅三样东西吧:第一,国家民族的命运。您不愿看到山河破碎,不甘心'欲将血泪寄山河'。身为女人,您不能像岳飞那样驰骋疆场,也不能像辛稼轩那样上朝议事,只有一个人独愁!'雁过也,正伤心,却是旧时相识。'往事悠悠,亲朋好友都随无情的岁月变成遥远的回忆,您能做什么?第二,寻觅幸福的爱情。您曾经有过美满的家庭,有过美满的爱情,但转瞬就破碎了,之后一个人漂泊着、孤独着。您没有一个可以倾诉的人,想要对冥冥中的他说些什么,竟无语凝噎。'三杯两盏淡酒,怎敌他晚来风急',酒入愁肠愁更愁!第三,寻觅自身的价值。您有非凡的才华,也有沉鱼落雁之容颜,而今只有独自一人咀嚼自己的凄凉。'梧桐更兼细雨,到黄昏、点点滴滴。'唉,真是'秋风秋雨愁煞人'啊!李奶奶啊,我好想走到您的身边,让您靠在我的肩头,让我们痛哭一场!"

他的发言结束,我带头鼓掌,教室里再一次响起掌声来!

教学之余,我想:一个人只有在宽松的氛围中,才会展现自己的内心世界,才会勇于表现自我,个人的主观能动性才能得到淋漓尽致的发挥,个人的价值才能彰显。课堂应该是充满生命活力、张扬学生个性的场所。老师作为课堂教学的组织者、引导者,不仅要真诚关注和倾听每个学生的发言,更要引导学生互相关注与倾听,提高课堂对话的质量。

# 课堂偶发事件的处理艺术

事事称心如意的生活是理想化的,现实生活中难免有磕磕绊绊。我们的课堂亦是如此,因为教育即生活。美国心理学家斯托奇在《前瞻与现实的心理虚幻》一书中说:"不要幻想所有的学生都是你眼中温顺的羔羊,很难想象一条大河只有中规中矩的舒缓,没有湍急和咆哮会是什么样,逾越规纪、桀骜不驯是充满亲和力的表现。"那么,在课堂上遇到偶发事件,老师应以什么样的心态对待,用什么样的方式引导?

在某中学的语文课堂上,一位男老师正在范读课文。老师为文章的内容所陶醉,他读得声情并茂,学生也听得如痴如醉。在停顿的间隙,老师环视了一下教室,突然发现一个女生正在奋笔疾书。为了不影响全班学生,他一边朗读,一边悄然来到女生的身旁。专注的女生根本没有发现老师已来到自己身边,她正在写一封情书,热情洋溢,情意绵绵!老师被女生的语言深深地吸引了,竟忘记了范读课文。待老师幡然醒悟,全班学生的目光都已聚焦在他和女生的身上,女生脸颊绯红,神色绝望。众男生起哄道:"老师读一读,让我们听听她写的是什么?"女生的眼中噙满了泪水,头埋得更低了,双手按在了信纸上面。老师进退为难,转瞬朗声说道:"这位同学写的是一封信,语言实在太好了,老师被吸引住了。我这样说不是夸张,不信,我就给大家背诵一段。""……今后,我一定听毛主席的话,读毛主席的书,做毛主席的好孩子!"老师微笑着对女生说:"我背诵得怎么样?一字不差吧,我相信自己的记忆力,对优美的文字绝对过目不忘!"女生感激地点点头,已热泪盈眶。

下课后,男老师走在回办公室的路上。女生跑过来,将一封叠得整整齐齐的信双手递给老师,哽咽地说:"您是我遇到的最聪明的人、最好的老师,我一定听从您的话,做您的好学生!"

肖川在《教师:与新课程共成长》一书中说:"没有任何真正的教育是可以建立在轻蔑与敌视之上的,也没有任何一种真正的教育可以依靠惩罚与制裁来实现。真正的教育只能建立在尊重与信任的基础上,建立在宽容与乐观的期待上。真正的教育存在于人与人心灵距离最短的时刻,存在于无言的感动之中。"

对这个偶发事件的处理反映了男老师的教育智慧,所以说教育是一门艺术。对待学生的态度折射出老师的人格修养,案例中的老师用自己的睿智、宽容和爱心营造了真诚的精神世界,这才是老师的智慧与真情。

# 引导与唤醒

每次看到"引导""唤醒"这两个词语时,我就觉得特别亲切。因为这两个词语凸显了教育的功能,彰显了教育者的价值。

在办公室和同事闲聊,谈到初三学生的期末复习问题。同事忧心忡忡地说:"学生学得很累,一天到晚做试卷,一个单元接一个单元,就这样机械地练习。""学生得到的只是零散的知识,学习的系统性不够。这样的学习方式对考试有用,但对学生的长远发展不利。"同事接着说:"我们的语文教学应注重对课外阅读的延伸,比如学习了鲁迅的《故乡》就该举一反三,扩展阅读《狂人日记》《药》《孔乙己》《祝福》等,再引导学生举三反一:鲁迅作品的特点是什么?只有整体、系统、真实地感悟,才能拓宽学生的视野、提高学生的语文素养。"我也一下子来了灵感,跟着说:"对,说到杜甫老师都要介绍其是'诗圣''诗史',考试时学生都能写得出。但若追问为什么称杜甫是'诗史',学生就不知所云了。我们只给了学生一个机械的答案,却没有给学生一个文本感悟的过程。假如讲杜甫时选取这样一组诗文——《春望》《石壕吏》《新婚别》《闻官军收河南河北》《茅屋为秋风所破歌》《蜀相》让学生来感悟,那么学生了解每首诗的写作背景之后,自然就体会到杜甫被称为'诗史'的原因了。结束了流离转徙的生活,得到一个栖身的处所,使多年劳苦忧患的他暂时得到休憩,但他仍不曾忘记流离失所、无处安身的人们,在《茅屋为秋风所破歌》中吟出'安得广厦千万间,大庇天下寒士俱欢颜'的感慨。有境界则自成高格,这就是他被称为'诗圣'的原因吧。"同事接着说:"课堂上老师一味地灌输,学生只能被动地接受,满脑子符号、公式,长此下去,学生就麻木了,不会学习,不会探究!"备课组长紧跟着说:"我们的课堂教学应该是一个引导与唤醒的过程。"我马上表示赞同:"对,我们的教学目标好比湖中的一个小岛,要去这个小岛,学生可以坐游船,可以划独木舟,可以游泳,也可以借助空中交通工具,条条大路通罗马。这个自主选择到达的过程最重要!"

知识的灵活掌握需要引导,高级思维的生成需要激发引导,学习的方法需要引导。兴趣需要唤醒,思维需要唤醒,心灵需要唤醒。唤醒的要诀是与学生展开心灵的对话。

是啊,如果在学生的书本世界与生活世界之间架起一道桥梁,让我们的课堂生活化、情景化,并且在这一过程中充分发挥教育的引导与唤醒功能,我想,学生的学习一定是扎实而又富有个性的,思维一定是严谨而又富有灵性的,情感一定是丰满而又富有人情味的!

# 《走近李清照》课堂实录

## 教学内容

### 如梦令

昨夜雨疏风骤,浓睡不消残酒。试问卷帘人,却道"海棠依旧"。知否,知否?应是绿肥红瘦!

### 声声慢

寻寻觅觅,冷冷清清,凄凄惨惨戚戚。乍暖还寒时候,最难将息。三杯两盏淡酒,怎敌他晚来风急?雁过也,正伤心,却是旧时相识。

满地黄花堆积,憔悴损,如今有谁堪摘?守着窗儿独自,怎生得黑!梧桐更兼细雨,到黄昏、点点滴滴。这次第,怎一个愁字了得!

### 点绛唇

蹴罢秋千,起来慵整纤纤手。露浓花瘦,薄汗轻衣透。

见客入来,袜刬金钗溜。和羞走,倚门回首,却把青梅嗅。

### 渔家傲

天接云涛连晓雾,星河欲转千帆舞。仿佛梦魂归帝所。闻天语,殷勤问我归何处?

我报路长嗟日暮,学诗谩有惊人句。九万里风鹏正举。风休住,蓬舟吹取三山去!

## 第一课时

## 教学过程

师:这段时间,同学们非常喜欢李清照的词,现在我们就背诵一下。谁先来?

学生背诵（略）。

师：同学们课下积累得可真不少。阅读积累是学习语文的一种好习惯，不积跬步无以至千里。很遗憾，850多年前李清照就离我们而去了，我们不能跨越时空与她见面，但李清照身上带有一种现代中国人的气息。今天就让我们走近李清照。第一步该做什么呢？

孙凌翔：首先应了解李清照的生平。因为周汝昌老先生在鉴赏唐宋诗时说要"知人论世"。

师：红学大师的话没错，学以致用的你同样很棒！谁能介绍一下李清照的生平？

张玉杰介绍李清照生平，其他学生补充（略）。

师：同学们真的很用心，你们的介绍为我们走近李清照寻得了一条小径，曲径通幽处啊！沿着这条小径，跨越时光的隧道，就找到了李清照的居处。我有一个问题：和陌生人能够进行情感交流吗？要想和李清照进行心灵的对话，作为后生的我们还应该做些什么准备？

田心卓：了解她的诗词，借助诗词走进她的内心世界。

师：我们不可能用一节课就读完李清照的全部作品，老师挑选了她的五首词，大家读一读，说说有什么感受？（分发阅读材料）

宋心怡：这五首词表达的情感不同。

杜建雨：这五首词写作的年代可能不同。

师：这五首词的情感有何不同？

赵梦杰：《如梦令》《点绛唇》是写生活场景的；《声声慢》《一剪梅》是写"愁"的；《渔家傲》好像是写理想的。

师：同学们的体会细致入微。我们再来揣摩一下每首词大致写于作者的什么人生时期？大家研讨一下。

学生讨论（略）。

郎富蕊：我们小组认为《如梦令》《点绛唇》是少女篇；《一剪梅》是少妇篇；《声声慢》是老年篇；《渔家傲》从字面上搞不清楚。

师：遇到问题了，怎么办？

孙颂鉴：上网查资料！

师：好主意，这是解决问题的一条途径。

学生操作教师机，很快查阅到相关资料。

师：李清照生于1084年，1127年发生靖康之变，这首词写于她南渡之后，应该是中年之作吧。

师：1127年之后，李清照的生活和命运发生了很大的变化。同学们在前面也有介绍，可以说靖康之变是李清照命运的分水岭。我们讨论一下靖康之变前后李清照的作品各有什么特点。

学生讨论（略）。

张学晗：前期作品活泼清新，具有浓郁的生活气息；后期作品凄凉沉痛，读来令人伤感。尤其《声声慢》这首词表现得尤为突出。

师：《一剪梅》和《声声慢》都是写"愁"的，有何不同？

牛振超：《一剪梅》写的是儿女之情，是情愁。而《声声慢》写的是情愁、家愁、乡愁、国愁，无论是愁的长度还是深度，《一剪梅》都没法与其相比。

师：听君一席话，胜读十年书。人老了，伤心事多了，作品也就伤感了、深沉了。李清照作品的风格和她的人生经历有什么关系呢？

肖家梦：一定程度上，作品是人生历程的写照，有什么样的人生历程就会有什么样的作品。

师：有道理。怪不得辛弃疾说"少年不识愁滋味，爱上层楼。爱上层楼，为赋新词强说愁。而今识尽愁滋味，欲说还休。欲说还休，却道天凉好个秋"。写文章就是有感而发呀！

师：教科书上都说李清照是婉约派的代表，但《渔家傲》写得很豪放，你们如何看待这种现象？

刘子墨：老师，李清照有一首诗叫《乌江》："生当作人杰，死亦为鬼雄。至今思项羽，不肯过江东。"是何等气势！其实，所谓的婉约派、豪放派、花间派都是后人贴上的标签。一个人的写作风格不是一成不变的，还是那句话，作品是有感而发！

师：今天，我们觅得了李清照的处所，了解了李清照的生平，对她的代表作品也有了进一步理解。明天我们将轻叩李清照的书房，走近一代才女，说说自己的心里话。期待明天真诚的诉说！

## 第二课时

师：昨天，我们穿越时空，来到李清照的门前，用理解和感悟敲开了李清照的房门。今天我们走进李清照的书房，聆听畅谈。说什么？怎么说呢？是相顾无言，还是相谈甚欢呢？

师：还是老师先开始吧。

老师不敢对其不同时期的作品一一评说，只能选择一首！说实在的，面对少女、少妇、中妇、老妇等不同年龄阶段的李清照，我想选择少女时期的李清照说说自己的心里话。

好一个行笔如流水却又不留墨痕的李小姐呀！你惜墨如金，把千言万语尽藏笔端：一句"试问卷帘人，却道海棠依旧。知否，知否，应是绿肥红瘦"。你在和谁诉说？我想可能是和侍女吧。因为昨夜雨急风狂，你担心园中的花草枝折花落。忧虑呀，怜爱呀，心绪如潮，难以入眠，只有借酒消愁。结果，酒吃得多了，觉也睡得浓了，一觉醒来天已大亮，"浓睡不消残酒"。少女总是柔情似水，爱怜无边。醒来后的第一件事仍是牵挂院中的海棠花，问刚好卷帘进来收拾房间的侍女："海棠花怎样了？"可怜那粗心的侍女怎如你如此心细，还天真地说："依旧，依旧，一点儿没变！"你不由得嗔怪道："还依旧、依旧呢！即使我不出门也知道红花稀少，绿叶增多了！"好一个"绿肥红瘦"，绿对红、肥对瘦，真是信手拈来的神来之笔呀！李小姐呀，你如此为花而喜，为花而悲，为花而醉，为花而嗔，到底是惜春，还是以花自喻，担心自己青春易逝呢？其实，李小姐呀，我以现代人的口气对你说："即使有沉鱼落雁之容、闭月羞花之妙，容颜也终会被风吹雨打去，但只要心存博爱便会青春永驻。"

师：老师是从几个方面和李清照对话的？

王晓晴：从词意及重点句子的赏析、联想、吟读四个方面。

师：下面大家可以选择一首词以这样的方式和李清照对话，可以根据自己的想法有所侧重，要突出自己个性化的感悟。

学生准备。

师：最南面的一排同学发言，最北面的一排同学评价。因为距离产生美！

邱卫森：我评价的是《声声慢》。你一早起来便如有所空，如有所失，心里空落落的，好像在寻找什么东西。其实，你是想找到精神上的寄托、情感上的慰藉。"雁过也"既有归乡之意，又有思夫之情，雁儿能回乡，你却不能！雁儿能传书，君已逝书信何传？你寻寻觅觅，想为心找一个温暖的角落，但苍茫大地何处是你的归宿呢？想要慢慢沉睡，在这冷冷清清的岁月里，只有靠三杯两盏淡酒来消解心中的烦恼。本是鲜花烂漫、阳光明媚的生活如今只剩下独自怎生得黑，试问世人你的幸福何在，快乐何在？哪还有倚门回首却把青梅嗅的惬意！你的生活也许只能用一个愁字来形容。此时的你，人已憔悴，正如这满地的黄花，不再指望开始新的生活，只能在点点滴滴的黄昏中诉说自己的哀愁。

佘聪聪：我认为邱卫森对《声声慢》体会得很好，他能体会作者当时的心情。但在评价这首词之前，首先要有一句问候语，说"您好"或"我很荣幸见到您"。在与李清照对话时不能直呼她的名字，应该叫她一声"奶奶"。邱卫森朗读得很有感情，从他的朗读中能体会到作者的心情。他的评价也很有诗意，对话入境入情，像是在真的与李清照进行心灵的沟通。他对李清照的词理解得也很透彻，有几个句子解读得很好。例如，"你一早起来便如有所空，如有所失，心里空落落的，好像在寻找什么东西。其实，你是想找到精神上的寄托、情感上的慰藉。'雁过也'既有归乡之意，又有思夫之情，雁儿能回乡，你却不能！雁儿能传书，君已逝书信何传？"这种评价词的方式，值得大家学习。

王俊玲：我赏析的是《渔家傲》。我们相隔850多年，不知该如何称呼您，就叫您一声李姥姥吧！李姥姥，您通过描写舟行大海的奇妙梦境来抒发自己的志向。开头两句从描写海上景象入梦，接着写飘忽回到天宫，开始仙凡对话。"归"字，表现了您的抱负，又以天帝的关切引出下阕，来衬托人间的孤独寂寞。您的答语以求索精神与诗才自负，又借"日暮""谩有"表现悲观迷茫的情绪。接着，"九万里"句振起，表示要像背负青天、志存高远的大鹏鸟一样，乘风高飞远去，奔向理想中的仙境，表现了您宏大的抱负。李姥姥呀，虽然您失去了青春的风采，但您晚年的作品更让我回味无穷！

佘雪棣：王俊玲，你对李清照的称呼比较贴切。你对"天接云涛连晓雾，星河欲转千帆舞"做了简略的分析，对"九万里风鹏正举。风休住，蓬舟吹取三山去"做了精彩的赏析。你对作者想要表达的思想了解透彻，就是用大鹏鸟的宏伟志向表现自己积极进取的精神。该词展现了大鹏鸟展翅万里的浩大境界及跨海浪、渡银河、归帝所、往三山的非凡壮举。对此，你都做了深刻分析。

刘淑萍：赵夫人啊，读了您的《一剪梅》我深深体会到了您对丈夫赵明诚的思念。您的词移情入景，通过对景色的描绘来抒发您的思念之情。红荷香残的秋色，透露了您心境的寂寞惆怅。仰望长空，雁飞一行，表现了您对传书鸿雁的殷切期盼。"花自飘零水自流"又与开头相照应，暗喻年华易逝，您借流水将两人的相思之情紧紧地连在一起。最后一句"才下眉头，又上心头"是面部表情刹那间变化的描写，将内心深处无形的、无法抑制的情思传神地表达出来，把全词推向了高潮。赵夫人啊，诗词印证了您的才气，时光的流逝也将见证您对爱情的忠贞！

万晓轩：在此，让我冒昧地称您一声李阿姨，祝贺您找到了生活中的另一半，找到了一段美好的姻缘。沉浸于幸福中的您，挥笔写下了这首表达相思之苦的《一剪梅》。您轻解罗裳，独上兰舟。尽管身姿轻盈，但由于一腔相思，却让您愁眉苦脸。"花自飘零水自流,一种相思两处闲愁"描写得如此委婉动人!好一句"才下眉头,又上心头",无尽缠绵的思念如海浪般涌上心头,满诗的思念,无论是写景还是抒情,都表现得淋漓尽致。

学生评价(略)。

师:同学们真的是在和李清照进行情感的交流、心灵的对话。下面请大家拿起手中的笔,以"走近李清照"为题写写自己的感想。

生读习作(略)。

师:易安居士啊,我也想对您说,江山代有才人出,各领风骚数百年!举杯邀易安,让我们共祝愿:九三班的明天更美好!

师:同学们,现在想一想这两节课我们是怎样走近李清照的?

宋心怡:了解李清照的生平,沿着她的人生轨迹走近她。

杜天晴:接着,我们学习了李清照的五首词,不同时期的五首词就像五个点连成了一条线,大致体现了李清照诗词的风格特点。

师:这叫什么线?

李英博:作品线吧!

师:现在李清照变得丰满起来了!李清照的形象由一个点变成了一条线,现在又由一条线变成一个面了!人生线、作品线,这两条线不就构成了一个平面吗?

学生恍然大悟,面露喜色。

孙立浩:老师,不是一个平面,而是立体的!

师:为什么?

徐康博:这节课,我们和李清照进行了情感的交流、心灵的对话。我们是沿着情感线走进李清照的内心世界的!加上这条线,李清照的形象不就立体了吗?

师:你说得真好,这样李清照有血、有肉、有情,就活了!其实,这两节是学法指导课,我想,沿着这几条线同学们今后就能自主地走近陆游,走近辛弃疾,走近柳永……和更多的先人进行心灵的对话!老师也难掩激动之情写了一首小诗,献给李清照。

> 夜阑珊
> 倩影绕心间
> 深夜无眠

晨熹微
却失了红颜
谁偷走了我的流年

彼岸花开,此岸雨落
往事如烟
思念苍老了谁的容颜

三千东流水
掌一瓢相思
缠结千年情缘

尘封往事
忽隐忽现
心海中寂寞地翻卷

白玉兰
映娇脸
柔情锁成了一屏雨烟

小屏前
相顾无言
目光流转着万语千言

为你,许一世诺言
为你,凝一生爱恋
却负了最美的红颜

思君语润润
忆君情款款
绿了芭蕉,寒了期盼

# 浅谈对语文课程理念的准确把握

课堂教学的目标确定、文本解读的深浅把握、学生学习方法的选择、课外拓展的延续等，都是语文老师备课时需要考虑的问题。

要解决这些问题，语文老师必须把握课程的理念，用教学理念来规范自己的教学行为。要着重解决以下几个方面的问题。

## 一、两性并重，把握核心

《义务教育语文课程标准》（2011 年版）指出："培养学生正确的思想观念、科学的思维方式、高尚的道德情操、健康的审美情趣和积极的人生态度，是与帮助他们掌握学习方法、提高语文能力的过程融为一体的，不应该当作外在的附加任务。应该根据语文学科的特点，注重熏陶感染，潜移默化，把这些内容渗透于日常的教学过程之中。"从这段话可以看出，工具性与人文性就像一张纸的正、反两面，相互依存，相辅相成，谁也离不开谁。工具性是语文的根本属性，人文性是语文的重要属性。把语文课上成纯粹的工具训练课，就会陷入功利主义的泥沼；片面强调人文精神的培养，也是背离语文的学科特点的。

语文教学具有多元价值。核心价值是什么？崔峦老师指出，语文教学要体现"一个中心""两个基本点"："一个中心"即以语言训练为中心，特别是要加强对语言的运用；"两个基本点"即培养语文能力（听、说、读、写、书），提高人文素养。叶圣陶先生说："语文教学的根在听说读写，是听说读写之内的挖掘与创新，而不是游离于听说读写之外的花样翻新。"所以，语文教学的核心价值就是培养学生的听说读写能力，使其能正确地理解和运用祖国的语言文字。人文性当然也很重要，要有机渗透在培养语文能力的过程中。人文精神的培育不是直来直去的，而是通过熏陶感染、潜移默化的形式发挥作用，是"随风潜入夜，润物细无声"。

## 二、取舍有度，深浅相宜

国画，寥寥数笔，便形神兼备。京剧，简单的桌椅做道具，演来却妙趣横生。为什么？删繁就简是一种大智慧。"任你弱水三千，我只取一瓢饮。"有时，简洁比繁杂更有力量、更有效率。选择教学内容也要遵循这一原则，可以从"什么可以教"的角度来思考，也可以从"什么不需要教"的角度来考虑。

对一篇文章的解读永远无法穷尽其意，从教育的本质出发，教育视角全部指向儿童，"对尚不健全的生命给予渐进的成全"就足矣。《义务教育语文课程标准》（2011年版）指出，"阅读教学应引导学生钻研文本"，同时，"防止集体讨论代替个人阅读"，"防止逐字逐句地过深分析和远离文本的过度发挥"。

## 三、以学定教，顺学而导

阅读教学以教会阅读、学会阅读为主要目的。它虽然也要捕捉信息、体会情感，但基本的目的是掌握"正确运用语言文字"的本领，形成独立的阅读能力。阅读教学一定要重得"言"、重得"法"、重得"能"。因此，语文老师要在课程理念的指导下，正确处理教与学的关系，坚持以学生的学习活动为中心，变"三多三少"为"三少三多"，即变"教师讲得多、问得多、表演多，学生读得少、写得少、积累少"为"教师少讲、少问、少表演，学生多读、多写、多积累"。

以学生的学习活动为中心的课堂，每堂课一般由三到五个学习板块构成。每个学习板块都有明确的学习目标、学习内容、学习方法和学习进程，学习板块彼此连接起来，就形成了以学生为主体的学习链。它立足于学生的学（不是教师的教），从学的角度展开学习过程。每个学习板块一般由以下三步组成：问题情境—自主读练—反馈交流。问题情境主要由老师创设，学生参与，提出学习目标、学习内容以及学习的具体要求；自主读练主要由学生独立完成，是形成个体阅读经验的基础，是学习板块的核心环节；反馈交流是学生自主读练环节的延伸、检验和小结，由师生共同参与。这个过程中，老师可以针对文本中不同角度、不同层次的问题进行暗示、启发，引导学生多揣摩、多感受、多体验，让学生沉浸在文本意境之中，迸发思想火花，产生心灵共鸣，进而孕育并萌发出新的思维、新的观点。

教学有法，教无定法；以学定教，顺学而导；因文而异，百花齐放。

## 四、转变观念，学会学习

学习有两种基本的方式：接受性学习和自主性学习。倡导自主、合作、探究的学习方式，并非否定接受性学习，正如我们倡导喝牛奶并非否定喝豆浆一样。两种学习方式，在教学实践中都不可或缺。传统教学中，接受性学习方式占主导，学生多被动学习。现在，我们倡导学生主动学习，目的是让学生学会学习,形成自己的学习能力。

如何让学生主动学习?激发学生的学习兴趣尤为重要。如何调动学生的学习兴趣?如果一名语文老师没有丰厚的文学素养而一味在教法上翻新,无异于纸上谈兵。腹有诗书气自华,老师在课堂上对经典名著信手拈来,妙语连珠,潜移默化中学生就会对语文产生兴趣。语文教师才、学、识的高度,既是语文课堂取得高效优质教学成果的前提条件,又代表着语文课堂的文化高度。

## 五、课内打基础,课外求发展

学语文主要在课外,而不是在课内。课内与课外学习的功效相比,大致是三七开。因此,高明的语文老师一定会在抓好课内学习的同时,舍得下功夫抓课外。"语文学习的外延就是生活","经历就是一笔财富"。如何沟通课堂内外?《义务教育语文课程标准》(2011年版)明确指出:"善于通过专题学习等方式,沟通课堂内外,沟通听说读写,增加语文实践的机会。"专题学习的形式主要有三种:研究性专题学习、综合性专题学习、积累性专题学习。老师可根据教学目标的需要,进行合理的策划。同时注意读写的有机结合:读是基础,写是提升。我们倡导左手捧书,右手握笔,以读促写,读写结合。

把握理念,确定教学目标;取舍有度,选择教学内容;以学定教,顺学而导;课外拓展,重视积累。我想,从这些方面入手,就能基本把握语文课程的理念。

(原文发表于《语文教学研究》2013年第4期)

# 我心目中的语文课堂

对不喜欢语文的我来说,当语文老师也许是莫大的"讽刺"。

1986年毕业后,我来到一所偏僻的农村中学任教,满心以为会成为一名物理或数学老师,不料学校急缺语文老师,于是,我顺理成章地成为语文教师队伍中的一员。这一干就是26年。

26年来,我苦闷,我彷徨,我挣扎。

26年来,我思考,我执着,我向往。

我执着地向往着心目中的语文课!

2007年,一位朋友推荐给我一本书——郭初阳的《言说抵抗沉默》,这一读就是五年。枕边、书桌前,翻来覆去地咀嚼体味,似曾相识又遥不可及。昨天,翻看《当代教育家》杂志,一篇《网友眼中的郭初阳》让我看到了语文教学的一丝曙光。这就是我心目中的语文课堂。

# 一、文本的解读方式

解读文本是语文老师的必修课。拿过一篇课文，了解作者、写作背景，把握篇章结构，推敲表达方式，就像做理科的作业一样，按部就班。这是在点上教语文，不是系统地教语文，自然，学生学到的知识是零散的、肤浅的。因为点上的"井"是孤立的，不能左右逢源。语文课堂应该是连绵的、立体的。要达到这一效果，需要我们改变解读文本的方式、方法。

## 1. 把单一作品置于作家的整体创作体系中

比如在执教九年级上册李清照的《武陵春》时，我选取了李清照的五首词：《如梦令》（昨夜雨疏风骤）、《点绛唇》（蹴罢秋千，起来慵整纤纤手）、《声声慢》（寻寻觅觅）、《一剪梅》（红藕香残玉簟秋）、《渔家傲》（天接云涛连晓雾）。第一，让学生体会情感的不同：《如梦令》《点绛唇》是写生活场景的；《声声慢》《一剪梅》是写"愁"的；《渔家傲》是写"理想"的。第二，体会写作的时期不同：《如梦令》《点绛唇》是少女篇；《一剪梅》是少妇篇；《渔家傲》是中年篇；《声声慢》是老年篇。第三，体会各时期作品的不同特点：前期作品活泼清新，具有浓郁的生活气息。后期作品凄凉沉痛，读来令人伤感，尤其是《声声慢》一词表现得尤为突出。第四，感悟"知人论世"：作品是人生命历程的真实写照，有什么样的人生经历就会有什么样的作品。沿着作品线走近李清照的人生之旅，顺着人生线体会李清照情感的跌宕起伏，再沿着情感线走进李清照的内心世界。这样对李清照的作品就有了系统的认知，完成了知识的构建。

## 2. 把单一作品置于作家作品诞生的时代背景中

在传统教学中，说到杜甫，老师都要介绍其是"诗圣""诗史"，询问学生也都能说得出，但若追问为什么称杜甫是"诗史"，学生就不知所云了。讲杜甫时我选取这样一组诗文进行主题性教学：《春望》《石壕吏》《新婚别》《闻官军收河南河北》《茅屋为秋风所破歌》《蜀相》。学生了解每篇文章的写作背景之后，很自然地就理解了杜甫被称为"诗史"的原因了。

## 3. 把单一作品置于互为关联、互为对照的文本群中

语文教学应在更为广阔的人文坐标中，对文本进行深度的阐释，实现阅读教学的多功能对话，即教师、学生、文本、编写者之间的互动。学生对文本有充

分的理解，才会有灵性的感悟、诗意的表达，才能有情感的晤对、智慧的孕育。阅读即对话，对话于历史的长河中，对话于作家的思想中，对话于文化的滋养熏陶中。

## 二、语文课堂的灵魂

郭初阳赋予了语文课堂极高的文化品位。"文化"从来就不是一个虚无缥缈的东西，它是"人类在社会历史发展过程中所创造的物质财富和精神财富的总和"。语文课堂的品位提升，要跨越三个显著的台阶，即"文章""文学""文化"。长期以来，中国的语文课堂一直在"文章"这个台阶上徘徊，偶有一些探索者的脚步踏上了"文学"这个中级台阶，"文化"却被生生地从语文课堂中剥离，语文教学成了"多、慢、差、费"的代名词。郭初阳带领学生从单一的文本中突围出来，站上文化的制高点，对文本进行全景式鸟瞰；将文化观照引入文本解读，让文化弥漫于语文课堂，让文本溶解在文化中，不断生成和丰富文本的文化内涵，以帮助学生建构自己的文化家园，从而最终实现对学生文化人格的塑造。

## 三、语文课堂的理性

语文课最容易上成"文本崇拜课"，很多老师仍习惯于对教材的固守、对权威的臣服，仍是"戴着脚镣舞蹈"，缺乏对文本的独立阅读。当我们的思想独立时，失去的只是锁链。因此，语文课堂应该保持一种敏感的理性，那就是批判精神。目的是让语文课回归精神的家园——独立精神与自由思想。因为"语言从来不是孤立地存在，每一个词都布满历史的脚印和充盈生命的呼吸"。其实，我们平常的阅读教学过于侧重理解性阅读，而忽视了创造性阅读。语文课堂的理性则是倡导创造性阅读，实现理解性阅读与创造性阅读的有机统一。

## 四、语文课堂的主体

关于课堂的主体性，以前是"教师中心说"，现在是"学生中心说"。帕克·帕尔默的总结很经典："也许课堂既不应以教师为中心，也不应以学生为中心，而应以主体为中心……在一个以主体为中心的课堂上，教师的核心任务是要为伟大事物提供一种声音、一种能力——独立地把真理说出来，让学生听到、理解，而不需借助教师的声音。"帕克·帕尔默所说的"主体"或"伟大事物"，就是道、真理和生命。敬畏生命，服膺真理，遵从规律，是课堂的根本。

# 第三辑

## 教研篇

# 漫议《第三只眼睛看教育》

2002 年，我初读宋洪昌老师的《第三只眼睛看教育》，首先被题目深深地吸引了。近来，经常有人说非教育人士对教育的把脉很准确，这让我不由得又拿起这本书细细咀嚼，感慨良多。为什么非教育人士看教育问题很准确？因为他们能跳出围城看围城，不带有感情色彩，能理智地分析问题，而教育者往往是"不识庐山真面目，只缘身在此山中"。

第三只眼睛在我们的神话中只有二郎神的"天眼"。其实，我们每个人都可以有一只"天眼"，那就是"心眼"——用心凝望，用心思考。

特别是对刚参加工作的年轻教师来说，他们没有所谓的经验，也就没有束缚与羁绊。而这恰恰是拥有"天眼"最基本的条件！

我们能否拥有"天眼"，全在于自己，也许是明天，也许是后天，也许是不太遥远的将来。我们要心许远方，时刻准备着《回答自己》（陈哲词）：

> 每一个人都是不曾了解的自己
> 每一个心灵都有未曾发现的土地
> 每一个人都能改变地上的道路
> 每一双脚都留下独特的足迹
> 数一数天上有几颗你认识的星
> 算一算你有多少个往昔
> 在你不曾留心的地方
> 找一找你忘却的自己
>
> 每一个人都是可以改变的自己
> 每一个心灵都有未耕耘的土地
> 每一个人都是一个完整的故事
> 每一个记忆都有未翻开的日历
> 在自己心上走过去
> 寻找不曾感受过的自己
> 在你的明天到来之前
> 准备着回答自己

# 教研活动为谁而研

毋庸置疑,教研活动目前已成为促进教师专业发展最积极、最有效的手段之一。现在的教研活动形式多样,你方唱罢我登台,大有"乱花渐欲迷人眼"的感觉。但流行的未必是适合的。柏拉图的哲学命题"我是谁?从哪里来?到哪里去?"常萦绕在我的耳边,假如把命题中的"我"换成"教研活动",该如何解答呢?

## 一、我是谁?

要回答这个问题,就要明确教研活动的定位。教研活动,是学校有目的、有计划地组织教师按照一定的程序对具体的教学实践进行研究的活动。当前的教研活动主要有两种形式:研究活动和培训活动。研究活动是指教师对教育教学问题的真相、性质、规律进行研究、讨论的活动;培训活动是指有计划、有步骤地使教师生成特长和技能的活动。比较而言,研究活动的主体是教师,客体是教学问题;培训活动的主体是培训者,客体是教师。理解了这个问题,就要思考下一个问题了。

## 二、从哪里来? 到哪里去?

培训活动具有省时、高效的特点。但从内容看,培训是"大一统",缺乏个性;从形式来说,灌输多、体验少。培训的最终目的是促进教师的专业成长。那么,如何才能促进教师的专业成长?

首先要清楚目前教师的知识结构状况:哪些知识是短板,急需提高;哪些知识是常规性的,需不断地揣摩。培训的最佳途径是引导,即引导教师对自己的知识结构自觉地进行重组构建,就是让每位教师能够勾勒出自己专业成长的"路线图",避免东一耙子西一扫帚。

教研活动中老师更关注教学问题。从活动的过程看,教研是从上而下组织的,但真正的教研活动应是自下而上,即从学生中来,到教师中去的。也就是说,一切教研活动应关注学生的实际情况,实事求是,避免"假、大、空"。

两类教研活动的目标有共同之处，就是促进教师专业发展。教师的专业技能提高了，就能更好地为学生服务，可见核心还是学生。所以，教研活动应该从学生中来，再到学生中去。

# 如何备课

备好课是上好课的前提，这早已成为老师的共识。怎样备课？有说"四备"的，也有说"五备"的，不一而足。细细想来，都是从方法论的角度阐述备课的原则和方法。下面，我想从备课的流程层面谈一下自己的想法。备课包括学年备课、学期备课、单元备课和课时备课，本文仅就课时备课进行阐述。

## 一、把握教学目标

在评课过程中经常听到以下两种说法："教教材"和"用教材教"。顾名思义，从字面上看，"教教材"把教材视为一种标准，"用教材教"则把教材当成一个例子。一种标准、一个例子就折射出两种不同的课程实施取向：基于教科书、基于课程标准。"学生在基于教科书的课程实施过程中，成为被不断灌输的容器。他们视教科书的内容为定论的知识，学只是围绕着感知、理解和记诵教科书而展开。"这就是我们常说的"教教材"。在此过程中，老师考虑的最多的是"教什么""怎样教"的问题，至于"为什么教""教到什么程度"，老师关注得不多。而基于课程标准的课程实施要求老师整体地、一致地思考上述四个问题，并做出正确的决定。

在备课过程中，很多老师习惯这样做：拿出教材，先看教学内容，再根据教学参考书确定教学目标。这样做对不对？其实，源于课程标准的教学目标先于教学内容而存在，老师需要根据先定的教学目标处理教学内容，教科书只是用以支持教学的工具或资源之一。老师在备课时应当不断思考：关于这一部分教学内容，课程标准中的关键词是什么？如果弄清了这一点，我们就把握了教学目标。

## 二、明确教学内容

明确教学内容，是备课的关键。老师要深入研究文本，明确哪些内容是学生需要掌握的，哪些内容是学生需要了解的，哪些内容是需要拓展延伸的。分析教材内容在整个知识体系中的地位和作用,掌握其前后联系,明确其来龙去脉。搞清哪些问题是知识生成点,哪些问题是能力培养点,哪些问题是思维训练点。

从课程标准的高度把握教学目标后,对教学内容的挖掘很大程度上取决于老师的素质和能力。我们常说的个性化解读教材就是老师能力的体现,可惜很多老师还习惯于照本宣科或鹦鹉学舌,对文本的解读不能带有自己的"体温"。

老师是将现有材料转变成课堂教学内容的设计者和开发者,课程实施成为老师根据实际情况对课程目标、内容和方法进行调试的过程,成为一个课程再创造的过程。从这个角度讲,"老师即课程"。如果一名老师的学科素养很厚重,那么他对文本的解读一定有深度,课堂教学自然也会有高度。

## 三、研究教学方法

每个人的认识过程基本上是一样的。教法应当是老师的学法,同时也是学生的学法。教学方法的选择基于学生的学习实际。有的教学内容学生通过自学就能掌握,老师可在学习方法方面点拨一下,让学生自主学习;有的内容是收集处理信息,包括疑难问题和答案多样的问题,这时应该采用合作学习;有的教学内容需要学生发现问题、提出问题,根据问题收集事实、证据,分析和处理信息,并对信息的可靠性做出评估,这样的教学内容最适合探究学习。

其实,自主学习是就学习过程的内在品质而言的,它相对的是被动学习、机械学习和他主的学习;合作学习对应的是个体学习、独自学习,是一种学习的组织形式;探究学习是就学生获取知识的过程而言的,它对应的是接受学习。三种学习方式是对学习不同层面的解读,不能割裂对立。

## 四、设计教学活动

教学活动的设计因学科而异,但共性的问题是:如何从根本上把传统课堂沉闷的"呈现—接受"模式变为生动的"引导—发现"模式,在"引导中发现",在"发现中引导",充分展现课堂教学动态生成性的特点,焕发课堂生命的活力。

教学活动的安排要有层次性、挑战性,注重感性与理性的统一,要张弛有度;要注重情境的创设,这有助于激发学生的问题意识,教育真正的目的就是让学生不断地提出问题、思考问题。

# "闲"人不"闲"

## ——走进苏轼的内心世界

如何解读文本？如何设计教学活动？下面就《记承天寺夜游》谈谈我的教学设想。

## 一、导课

由"乌台诗案"导入。

### 《山村五绝》

杖藜裹饭去匆匆，过眼青钱转手空。

赢得儿童语音好，一年强半在城中。

当时，朝廷中的一些人认为，《山村五绝》的内容是在讽刺新政，侮辱朝廷甚至皇帝。

## 二、入闲

当时，苏轼被流放黄州，在生活上遇到了前所未有的困境与窘迫，但他并没有畏惧与退缩，而是通过自己的努力解决了温饱。从苏轼到苏东坡，东坡居士的名号凝聚了他达观的态度和超然的内心。在解决了温饱之后，生性乐观的苏轼将在黄州度过怎样的生活？

其实，苏轼的黄州生活是凄苦的，他的心是苦闷的，精神上是孤独的，思想上更是矛盾的。一首《卜算子》道尽了他那份难言的孤寂。

### 《卜算子》

缺月挂疏桐，漏断人初静。

谁见幽人独往来？缥缈孤鸿影。

惊起却回头，有恨无人省。

拣尽寒枝不肯栖，寂寞沙洲冷。

苏轼自己也说月有阴晴圆缺，但圆月与缺月给人的感觉是不一样的。他眼里看到的是缺月,是枝疏叶稀的桐树,整个意象萧条冷落,扑身一阵寒意。谪居黄州的苏轼常言自己是"幽人",独来独往,如同缥缈的孤鸿影。冷夜的孤鸿,飞来飞去,确实有些孤芳自赏的冷落与凄凉。孤鸿惊恐而回头,好像满怀幽恨,应该是一种怅恨吧。怅恨何在?无人省,无人了解。春风满面皆朋友,欲觅知音难上难。苏轼不是一个惹人嫌憎的人,虽多遭贬谪,却也因才气而趋附者众多,可他不愿随便拣根寒枝歇下,只得寂寞地落到寒冷的沙洲。人而似鸿,鸿而似人,似鸿非鸿,似人非人。难言的苦闷之情,使苏轼远离人生的喧闹,寻找无言的山水、远逝的古人,寂寞中反省自己,他渐渐回归空灵,习惯于淡泊和静定。

在学生了解了这样的时代背景之后,老师再带学生走近《记承天寺夜游》,寻觅那份闲情逸致。逆旅的人生,尚能如此旷达坦荡。无论世事如何风雨变幻,都不改变自己的态度;无论何时何地,唯"适"而已,这是逆境中的从容。这等情怀岂一个"闲"字了得!

## 三、出闲

苏轼曾经感慨地说在黄州真如在井底。黄州对苏轼来讲,如一口废弃的枯井——政治生涯的低谷。但苏轼不是一只井底之蛙,他在这口枯井里算账、种地、写诗、做饭、交朋友、盖房,做一切自己能做的事,做一切能使自己快乐的事。他在这口枯井里收获了属于自己的快乐。他在这口枯井里,慢慢地酿出能够滋润自己、滋润子孙后代甚至滋润了中国文化的点点甘露。随着苏轼对自我的反思,他的人生观和世界观悄然改变。苏轼把对历史和人生的感悟都凝聚在了长江边的赤壁。面对滚滚东逝的长江,苏轼发出了响彻千古的天籁。从此,苏轼词的格调从感伤、艳丽升华为洒脱、豪放。

苏轼虽不是地道的农民,但他的身上散发着泥土的芬芳。他是最接地气的文人。他一生为民所想,无论为官还是被贬。他也想悠然见南山,但生命的张力使他激情澎湃,发出生命的呐喊,"会挽雕弓满如月,西北望,射天狼!"铮铮铁骨掩不住艺术的灵动、情感的细腻,"欲把西湖比西子,浓妆淡抹总相宜"。"相顾无言,唯有泪千行",十年悼亡的沉淀,把泪水化成了滴血。有血,有肉,有情!

# 如何听课

## ——走在倾听的路上

静静地
走在倾听的路上
心静如水
直视自己的内心
修正心灵的容颜

静静地
走在倾听的路上
凝神静气
聆听心跳的声音
触摸成长的脉搏

——题记

在评课过程中，老师们畅所欲言，实事求是，说优点、指不足、谈想法，像一家人一样。但大家在交流过程中存在这样几种倾向：重方法、轻内容，在教学内容还不明确的情况下，一心设计有新意的教法；重教法、轻学法，重视老师教学方法的研讨，忽视学生学习方法的指导；重细节、轻整体，在教学细节上纠缠过多，忘记了"我是谁？我从哪里来？又到哪里去？"；重感性、轻理性，过于关注课堂的活力，忽略了课堂的组织和原则。

这些倾向会给我们的课堂教学带来很多问题。首先，老师对教学内容还没有心领神会，却研究怎么教，有舍本求末、隔靴搔痒之感，往往越研究越糊涂。其次，重教法、轻学法，实质上是用老师的问题代替了学生的问题，让老师的思考代替了学生的思考，学生变成了教学活动中的道具。再次，重细节、轻整体，往往会导致一叶障目、不见森林，缺乏统筹意识。

为什么会有这些倾向出现？问题出在老师的听课理念上。也许很多人会说，听课还不容易吗？带着听课记录走进课堂，把教学活动记录下来做一下点评，就完成任务了。这种听课忽略了以下问题：听课时应关注什么？是学生的活动,是老师的教学活动,还是两者兼顾?听课是从教学方法入手,还是从教学内容入手?老师应静下心来认真地想想这些问题。内容决定方法,而不是方法决定内容。所以,应该从教学内容入手,兼顾教学方法。

怎样从教学内容入手听课呢?可从以下几个角度进行思考。

第一,教的是不是本学科的内容。有的老师热衷于在某一课上盲目拓展,结果是"种了别人的责任田,荒了自己的自留地"。

第二,教学内容是否明确集中。教学内容少而精,本来是课堂教学的基本准则。有的老师在40分钟左右的课上却要讲二三十个知识点,看似面面俱到,实则蜻蜓点水。

第三,教学目标是否与课程标准一致。现在教育界虽然倡导践行课程标准的理念,但大部分老师没有建立科学的课程观。基于课程标准的教学,就是老师根据课程标准确定教学目标、组织教学内容、实施教学、评价学生学习效果、改进教学等一系列设计和实施教学的过程。其要求老师整体地思考课程标准、教材、教学与评价的一致性。需要强调的是,我们习惯于根据教学内容制定教学目标,但源于课程标准的教学目标先于教学内容而存在。

# 让教材拥有自己的体温

## ——听课随想

语文观摩课老师执教文言文的比较少,可能由于文言文教学是初中语文教学的一块短板。师范毕业后我阴差阳错地教初中语文,见到文言文就发怵。一遍遍地读,逐字逐句地啃,先学后教,时间一长,熟读成诵,也有了一点学习文言文的感觉。最近恰巧听了两节语文课,对我启发很大。下面将从这两节课中提取几个关键词谈谈对文言文教学的一点看法。

## 一、诵读

学生的诵读是一个循序渐进的过程。初学文言文时老师常常要求学生正确、流利、有感情地朗读文言文。其实,这是不符合学生认知规律的。我们知道,文言文诵读的第一步要读准字音和停顿,否则无法理解文意。这是理解文言文的基础。流利就是有节奏感,通过声音的高低、轻重、快慢、停顿,做到轻重缓急、抑扬顿挫。这就是语感,也是诵读教学中最难的一点。语感就是对语言文字的感觉,属于经验的范畴,是一个日积月累的感悟过程。有感情地朗读是在充分理解课文内容的基础上才能达到的,应该在教学过程的后半段进行。有层次、有梯度地一步步做到这些,才能正确、流利、有感情地朗读课文。

## 二、积累

其主要包括字词、句式的积累。在这一点上大多数老师把握得很好,很重视,教学方法也灵活多样,但是忽略了当堂背诵,尤其是篇幅较短的文章的当堂背诵。对初学文言文的学生来说,背诵是一种很重要的积累方法。一定要重视背诵量的积累,量变到一定程度就会产生质变,"熟读唐诗三百首,不会作诗也会吟"就是这个道理。学汉语,必须要有文言文的底子,这是现代汉语的根,也是中国文化的根。

## 三、感悟

语文教学中的感悟就是紧扣语言,通过联想和想象对课文的思想内容有所感触和领悟。例如,《记承天寺夜游》一文中说:"元丰六年十月十二日,夜,解衣欲睡,月色入户,欣然起行。念无与为乐者,遂至承天寺寻张怀民。"当诗人夜晚闲来无事,"解衣欲睡"时,忽见窗外皎洁的月光,不由得触动了心绪,这异样的感觉又能说与谁听呢?这时可启发学生联系自己的生活经验思考:我们在生活中遇到不顺心的事时是怎样排解的?或许是找同病相怜的人,或许是找好朋友倾诉吧。诗人也是如此,往承天寺寻张怀民一同赏月。"怀民亦未寝,相与步于中庭。""亦未寝"说明两人"身无彩凤双飞翼,心有灵犀一点通",是知己。这就是对文本的感悟,在感悟的过程中将其和已有的经验结合起来,和现实生活结合起来,和自己的感触结合起来,这样就能让学生逐渐形成自己个性化的见解。

## 四、赏析

最好的赏析是在学生已有知识基础上进行类比欣赏或对比欣赏。首先说类比欣赏。李清照写愁的词句很多:"此情无计可消除,才下眉头,却上心头。""只恐双溪舴艋舟,载不动,许多愁。""梧桐更兼细雨,到黄昏、点点滴滴。这次第,怎一个愁字了得。""莫道不销魂,帘卷西风,人比黄花瘦。"这些句子有什么不同?李清照是从动态、重量、声音、形状等方面把抽象的愁写得淋漓尽致、惟妙惟肖。再说一下类比,如李煜的"问君能有几多愁,恰似一江春水向东流"

把抽象的感情用鲜明的形象比喻出来，使愁似乎可以看得见摸得着。细细品来，李煜和李清照的愁又有很大的不同：李煜的愁形象、新鲜、可视，李清照的愁细腻、深刻、游走，这或许是男人和女人情感体验的不同吧，女人比男人更细腻入微，更多愁善感。这样的赏析，才是真正走进了文本，走进了作者灵魂的深处。

　　这两节课都有一个不足之处：过于注重语法训练，淡化了语感培养。语法和语感是什么关系？语法是一种外在规范，就像法律；而语感更像是内在习惯，就像品性。语法和语感孰重孰轻？优质语感一旦形成，不管说什么话，根本不用考虑语法、逻辑、修辞，就像孔子说的，"随心所欲不逾矩"，却完全符合规范。语法的学习是有长度的，而语感的形成是没有底线的。过度的语法训练会让没有丰富文字积累的学生更加围于无意义的规矩之中，就像黑色的画笔不可能画出五彩的图画一样。

# 另类眼睛看数学

　　听不同学科的课，别有一番滋味。我昨天听了一位年轻老师的数学课，整堂课思路清晰，环节紧凑，重难点突出，设计合理。我虽是语文老师，但对当前的数学教学有一点看法，说来共勉。

## 一、课件要用在"刀刃"上

　　"好钢用在刀刃上"，这是句民间俗语，尽管"俗"，却蕴含着哲理，朴素的往往是经典的。把这句话移植到课堂教学中，我想这样解读：第一，有些知识点学生自学就能完成，就像语文课上读课文一样，一读就懂，这时杀鸡焉用宰牛刀？第二，有些知识点教师稍加点拨，学生就会融会贯通。在这样的教学节点上老师还喋喋不休，学生自然会无精打采、睡眼蒙眬。第三，有些知识点只靠学生自学讨论是理解不了的，必须要靠教师精辟的讲解。老师要讲在"刀刃"上，寥寥数语的引导，学生就会有"茅塞顿开""怦然心动""醍醐灌顶"的愉悦收获。第四，"讲"和"引"是老师课堂教学能力的重要体现，需要老师千锤百炼，百炼才能成"钢"。有了"钢"，教学就会像庖丁解牛一样游刃有余。课件是教学的一种辅助手段，如果整堂课都使用课件，甚至只是课本内容的翻版，由于信息量过大、速度过快，反而会影响学生的学习效果。因此，要在"讲""引"或"练"的教学环节恰当地使用课件，课件要用在"刀刃"上。

## 二、解题过程中的板书不可丢

在听课过程中发现,解题过程都由课件代替了,课件成了教学的中心,老师从属于课件,这种做法是不可取的。板书解题的过程可能会耽误一定的时间,但这是展示逻辑思维过程的黄金时间,在教师板演的过程中,学生有充足的思考时间。课件展示匆匆而过,学生往往是会其意而忘其形。形是什么?形是规范的解题步骤。我上初中时,数学老师的板书一丝不苟,对学生作业的要求更是如此,解题步骤省略一步或多加一步都打错号。开始我以为老师很古板,三年下来也就习惯了。在后来的所有考试中,我从没出现过因为解题过程疏忽而丢分的事情。古板苛刻的老师培养了我们良好的数学素养:多加一步说明思维还不够条理,语言是思维的物质外壳,书面语言(解题步骤)的不清晰,是逻辑思维的凌乱,数学的精髓是用最简单的方法解决最复杂的问题。省略一步看似无关紧要,时间长了就容易丢三落四。丢三落四表面看似习惯问题,其实是思维不够严密的体现。条理性和严密性是学好数学的根本。

# 为什么不能像学语文一样学英语

现在很多学生一提到英语就头痛,不少学生也因为英语成绩的拖累不能到更好的学校学习。英语的重要性在全球化的今天毋庸置疑。我是语文老师,我常常想:如果学生像学习语文一样学习英语,也许效果会更好一些。

## 一、口语学习

想想孩子生活在母语环境中,大人教孩子说话一般不会按照"单词—句子—篇"的顺序。因为孩子学说话是在大的语言环境中进行的,是一种潜移默化式的水到渠成。英语教学的一大困境是学校不能提供类似母语的大语言环境。2001年,我到桂林阳朔时发现阳朔县城里的很多老百姓会说英语,做生意的60多岁的老太太和外国人交谈也很从容。这种场景曾吸引我驻足倾听。阳朔出现这样的文化现象固然有旅游胜地的原因,更重要的是阳朔有一条"西街"。很多外国人喜欢阳朔,生活在阳朔,为了彼此照应,他们经常居住在相近的区域,于是就有了阳朔的"西街"。晚上的"西街",欧式或美式二层小楼内烛光摇曳,西洋乐曲飘荡,很多外国人举家围坐在一起,品中餐,喝啤酒,其乐融融。在这样的氛围中学习英语会变成一件很自然的事。于是我常常幻想：如果学校能创设这样一种学习英语的氛围（当然不是聘请外教），学生学习英语会轻松许多。因为语言是用来沟通的，用于交流沟通的语言才容易被习得；如果没有沟通交流的需要，只是死记硬背，效果自然就差得多。

## 二、阅读

语文学习是从读书开始的，学生有了读书的兴趣，就会广泛阅读。在广泛涉猎的过程中，语文能力就提高了。我们的英语教学也可以借鉴这种方式！目前英语教学的模式"单词—句子—篇"可否倒过来，即"篇—句子—单词"？这值得我们思考。

## 三、工具书

语文阅读很简单。记得小时候读课外书的时候，很多字词都不明白。怎么办？和小伙伴们学习查字典。一本小小的《新华字典》真神奇，里面竟有那么多的知识！长此以往，我们自然而然就学会了"自读"，也就是阅读。看看现在，学生手中有几本英语工具书呢？只靠老师"灌"，学生永远不会阅读！

# 会看的看门道，不会看的看热闹

听评课是一种最常见、最基本的教研活动形式，是老师交流、探究的主要途径。对同一位老师的课，不同的听课者会有不同的看法，可谓仁者见仁，智者见智。

听课者主要有以下两种类型：第一种，不会看的，看热闹。这部分老师观摩教学侧重的是教学活动的组织形式，也就是"形"。第二种，会看的，看门道。这部分老师侧重的是教学思想、教学理念，也就是"意"。得"形"者，注重套路的流畅、形体的优美、场面的美轮美奂，这种功夫练至极致类似于中国武术中的硬功。得"意"者，注重内心的修养、理念的升华、经验的反思，没有刻意的雕琢，追求恬静的自然，类似于中国武术中的内功，这种功夫练到极致，无招胜有招。这和教育学中的"教无定法"有异曲同工之妙。

许多优秀的年轻老师常说："我们是看着特级教师的课堂实录长大的。"我不知道他们在观摩的过程中侧重的是什么，但我有一段练习书法的体会值得玩味。那段时间，我痴迷练赵孟𫖯的字，辛辛苦苦地临摹了两三年，结果一事无成。细细想来，练书法先临摹打好基本功这个路子没错，但为什么没有效果呢？只摹其形，而不揣其意，即使练到极致，也只是"复制、拷贝"的高手，算不上"家"。如果在临摹的过程中得"意"忘"形"，达到了一定的境界，就有可能另立山头，自成一派。由此看来，观摩教学也要得"意"忘"形"啊！

为什么有人得"形"、有人得"意"呢？例如，从泰山中路登泰山，路很宽，两边有一些碑刻铭文，刻着很多古圣先贤的诗词歌赋。对很多游人来说，他们看到的只是一些书法作品；但还有一些游人在游览过程中油然而生一种肃穆之感。同走一条路，为何感受如此不同？我想，一个人的阅历、学识、修养决定了一切。

我们的听评课如同此理，要想看出门道必须增加自己的阅历，丰富自己的经验，更新自己的理念，厚重自己的人格。否则，只是学了花架子！所谓"意"，其实就是理念，而理念的核心，就是"以学生为本"，关注学生的长远发展。以学生为本不是一句美丽的口号，若我们的教学偏离了这一原则，那就成了无本之木，无源之水！

# 滨州市小学课程与教学管理专题研讨会听评课随想

2009年3月15日至17日，我参加了滨州市小学课程与教学管理专题研讨会活动，听了三位老师分别执教的数学课、科学课和音乐课，为三位老师精湛的教学艺术所折服，有以下几点感受。

## 一、教师对文本感知的深度决定着学生认知的高度

在教学中，老师们往往注重怎么教的问题。其实，教什么比怎么教更重要。教什么涉及价值观的问题，怎么教是方法论的范畴。比如，对音乐课的定位，有人认为通过音乐课学习一点音乐知识和吹拉弹唱的技能就可以了，这是对音乐课定位的严重窄化。如果说智育是让人充满智慧、德育是让人的道德高尚的话，作为美育范畴的音乐则会让人生丰满。如何让人生丰满？其中一条途径就是让学生有足够的好奇心。杨丽娜老师执教的《草原就是我的家》很好地做到了这一点。一上课杨老师就让学生拿出再平常不过的筷子，通过敲击让学生感知声音的强弱变化，再通过律动演变成筷子舞。学生兴趣盎然，一直在好奇中感受着艺术的魅力。再如张丽华老师执教的《小苏打和白醋的变化》，整堂课张老师都注重培养学生的科学意识和科学态度，还有科学方法的

指导,落脚于学生的科学素养和科学精神的培养。

## 二、教学环节设计的有效性取决于教师对课程标准的准确把握

在课堂教学中,教学环节的设计往往借助教学情境的创设。教学情境的创设应以课程标准为基础。例如,韩小雷老师执教的《体积和体积单位》就创设了这样一个问题情境:老师拿着两个体积差不多的正方体和长方体纸盒,让学生想办法比较两个纸盒的大小。学生想了很多办法,最后确定用玻璃球和正方体小块去测量。通过测量学生明白了:用玻璃球是一种估算的方式,精确计算只能用正方体小块(体积单位的必要性)。然后老师结合生活经验让学生进一步感知体积单位的空间大小,这也是对估算知识的进一步拓展。这样的环节设计很好地体现了课程标准的要求。

教学过程中有些问题需要适度地拓展,以达到巩固深化的目的。如杨丽娜老师执教的《草原就是我的家》在体会意境之美环节中,课件展示蒙古族的有关图片:蒙古包、羊群、马头琴……接着播放了有马头琴伴奏的歌曲《美丽的草原我的家》,琴声悠远,极富穿透力。在这一拓展环节中杨老师拿捏得很准,抓住了蒙古族特有的乐器——马头琴!器乐艺术也是环境的产物,带有明显的地域特色。草原茫茫千里,万马奔腾,牧民热情奔放,驰骋纵横,在这种环境中或低吟或高歌,低沉浑厚、悠远有穿透力的马头琴声相伴再合适不过!如果在拓展环节中抓不住代表性事物,就会导致拓而不展。

## 三、清晰的活动主线是成功课堂的标志

一堂课成功与否在学生的学习活动中能生动地展现出来。有的课活动很多但给人的感觉是零散的、分离的,没有内在的统一性,这样的课散而无序;有的课内容清晰,有趣但缺乏内涵,缺少品味,这样的课华而不实、缺少真诚;有的课看似活动很多,细细品味就会发现每个活动的背后都有一双隐形之手,学生的自主性体现不够,这样的课不够丰满。这些都不是成功的课堂。《草原就是我的家》是成功课堂的范例,学生活动有清晰的主线:用敲击筷子体验声音强弱的变化,用节奏感知旋律,再用筷子舞呈现旋律之美,这是教学的第一阶段。接下来通过循序渐进的教学过程学生了解歌曲、学唱歌曲、欣赏歌曲、体会歌曲的意境之美,这是教学的第二阶段。最后,学生在编创中完成学习,这就是创造之美。旋律之美—意境之美—创造之美,整堂课的活动主线异常清晰,教学活动丰富多彩。

# 对培训学习的两点思考

2010 年 7 月,和几位同事参加了全国高效课堂教学研究现场会,观摩了八节课的教学。这些课的流程大致是:确定学习目标—合作探究—交流展示—师生评价(评价贯穿课的始终,这里的评价主要是指对学习小组的总结性评价)。但有两个问题引起了我的关注。

## 一、学生的自主学习如何体现

众所周知,本次课程改革的重点之一是促进学生学习方式的转变,积极倡导自主学习、合作学习、探究学习。所谓自主学习,包括自我确定学习目标、自我选择学习策略、自我监控与评价等。这八节课的教学流程是怎样设计的?上课伊始,老师使用课件展示学习目标(都不少于五个),然后指派各小组的学习任务。试问这样的教学模式是倡导学生自主学习吗?学习目标是老师的还是学生的?学习任务是老师指定的还是学生自主选择的?这样的课堂无非是被动学习穿上了主动学习的外衣。没有主动性就没有创造性,就没有丰富的内心世界和鲜明的个性。

## 二、学生学习的核心是什么

这八节课中,学生的学习目标就是老师的教学目标,是老师首先提出了"心中的问题",并且这些问题隐含了解决问题的方法。在这样的课堂中,老师已经为学生做了大部分的思维工作(问题的提出、解决的方法),留待学生完成的只有找到最终的结果,这恰恰是最教条、最机械、最无创意的部分。分析性思维和创造性思维是两种不同的思维方式。学生成为"问题解决"部分的主角,意味着学生难有对根本性问题质疑的机会,没有分析问题的机会。这样的课堂能称为思维高效的课堂吗?

学生学习的核心是什么?获取知识。这无可非议。毕竟,一个人如果什么知识都不掌握,就无从分析知识,无法创造性地理解知识,更谈不上应用知识了。因此,知识对于任何一种思维来说都是必不可少的。没有知识,一个人无法思维;反之,没有思维,知识又是空洞的,是没有活力的。学生学习的核心是培养高级思维能力,而不是靠死记硬背获取知识。

综上，对课堂教学流程提出以下建议：第一步，确定教学目标，由"核心问题"统领。"核心问题"就是一节课最重要的中心问题、基本问题，可以由老师设计，也可以由学生提出（学生提出最好）。第二步，"核心问题"解决方法的探究。放手让学生自主分析问题，探究解决问题的办法。第三步，问题解决过程的呈现。这样的课堂有助于充分调动学生学习的积极性、主动性，有助于学生高阶思维能力的养成。

# 拥抱教育经典

"古老的智慧存在于经典之中。"经典往往通俗易懂，经过岁月的洗淘和实践的历练。今天，还有哪些经典的教育智慧在发挥作用，指引着我们的教育呢？

有教无类。孔子"有教无类"思想的理论基础是"性相近也，习相远也"。"性相近"说明人皆有成才成德的可能性，而"习相远"又说明了实施教育的重要性。正是基于"人皆可以通过教育成才成德的"的认识，孔子才做出了"有教无类"的决断。人们通常认为，有教无类指人人都可以接受教育，没有穷富、地域之分。易中天先生则认为，人在教育之前是有差别的，有贫富、贤愚等差别，但是接受教育之后这些差别就没有了。这就是有教无类的内涵。

因材施教。作为一种教育思想，因材施教注重在人的差异基础上通过不同的教育方法，促进每个人的发展。加德纳的多元智能理论也认为，任何学生都有其优势智能领域，因材施教是必要的。

循序渐进。人类对客观事物的认识是一个由简到繁、由低级到高级、由直观到抽象的循序渐进的过程，所以，对教学内容、教学方法等的安排要由易到难、由简到繁，逐步深化提高，螺旋式上升。

教学相长。"在共同生活中，教师必须力求长进。好的学生在学问和修养上，每每欢喜和教师赛跑。后生可畏，正是此意。我们极愿意学生能有一天跑在我们前头，这是我们对于后辈应有之希望。学术的进化在此。但我们确不能懈怠，不能放松，一定要鞭策自己努力跑在学生前头引导学生，这是我们应有的责任。师道之可敬在此。所以我们要一面教，一面学。"叶圣陶老先生的话我们应牢记。

拥抱经典，让我们多一份淡定与从容；拥抱经典，让我们多一份朴实与厚重；拥抱经典，让我们的心灵有栖息之地。

# 想了，说了，心静了

毛主席语录里面有这么一句话："世界上怕就怕'认真'二字。"人一旦认真什么事情都能做好，人一不认真就什么事情都做不好。

作为老师，我把自己较劲的几个问题摆出来，想了，说了，也就心静了！

## 一、公开课

我们的课堂教学，尤其是公开课教学活动组织得热热闹闹，但缺乏深刻性和实效性。这是为了公开教学"动"，为了形式"动"，为了教师的教学环节"动"，而不是为了学生的学习"动"。学生的回答标准化，近乎"贴标签"。我们该怎样把学生心中那不愿表达甚至不敢表达的想法激发出来？也许这才是我们应该思考的课堂的真谛。

## 二、理念

把教学理念转变为教学技巧需要遵循规律。万变不离其宗。"宗"就是规律，规律就是正确的方向。

## 三、备课

备课要有高度，过程要有温度，归纳要有深度，拓展要有广度，这些需要教师的知识储备有厚度。

教师要敢于离开教科书，学会研读文本。"拿来主义"固然容易，但老是"拿来"，充其量是个"裁缝"，不会变成"设计师"。只有自己蹚过河流，才会知道河流的深浅，捕风捉影永远没有真实的体验。

## 四、提问

提而就知不叫问；提而无法知也不叫问；提而思，思而探，探而知，方叫问。好的设疑，答案生成在活动中，有水到渠成之感、大道无痕之妙，没有刻意的雕琢，没有居高临下的说教和生硬的灌输。

最好的问题设计始于迷茫，止于更高层次的迷茫。

## 五、活动主线

我们经常说,教学活动的主线要清晰,很多教师把这条主线理解为一条直线。其实,教学活动的设计不是一条直线,而是螺旋式上升。

## 六、课堂

学生们什么时候在课堂上学会独立思考了,什么时候能够自主探究答案了,我们的课堂教学就成功了。

提高教师课堂效率的途径——资源共享;提高学生学习效率的途径——信息共享。

## 七、阅读

俗话说智慧蕴藏在经典中,在经典中穿行或许能破译教育的密码。

每个人都有生命的长度,但未必有生命的质量。每个人都有眼睛,但未必每个人都有眼光!回顾昨天,正视今天,才会坦然地面对明天。有大局观的人才是有眼光的人。

# 我心目中好课的标准

一千个老师心中会有一千个好课的标准,没有统一的答案。我对好课的标准的理解,可概括为"四有":有趣、有料、有道、有色。

## 一、有趣

兴趣是学生学习的内驱力。一个优秀的老师会千方百计地呵护、激发学生的学习兴趣。课堂有趣包括三个方面:知识本身的趣味性、课堂设计的趣味性、老师的幽默风趣。

## 二、有料

有料包括有知识、有生活两个方面。没有知识,就谈不上思维。三流的老师教知识,二流的老师教思维,一流的老师教智慧。有生活指的是知识的生活化,知识不是呆板枯燥的,它来源于生活,存在于生活。仅仅把学知识与考试挂钩是一种价值迷失。所以老师讲课时,除了要关注考试外,更要让学生理解知识的意义与价值。只有如此，才能保护学生的学习兴趣。

## 三、有道

所谓道就是规律，包括四个方面：文本之道、教学设计之道、教学组织之道、教学思想之道。文本之道，拿语文来说，老师首先要摸清知识结构：主旨、选材、结构、表现手法、表达、语言。老师对这些了然于胸，才会游刃有余，否则只会照本宣科。只会复制的老师，不会培养出有创造性的学生。教学设计之道，就是充分了解学生的学习状况，因材设计。教学组织之道就是以问题为主线，以评价为手段，以合作学习为平台。教学思想之道就是与时俱进，把握时代的脉搏。网络时代，学校教育已发生深刻的变化。随着"慕课""翻转课堂"等的出现，传统课堂"课上讲授知识、课下练习巩固知识"已演变为"课前学习知识、课上探究巩固"。老师应顺应这一变化。有人说年轻老师缺乏经验，我说年轻就是一笔财富，所谓的经验如果建立在因循守旧的基础上，就谈不上经验，只能算是枷锁！

## 四、有色

有色就是有自己的特色。我之所以是我，因为我有和他人不同的地方。

# 找准方向，理清思路，扎实推进

教育科研（简称"教研"），就是教育工作者在一定的理论指导下，对教育中的现象和问题进行研究，透过表面的、零散的问题，从中找到本质的、规律性的东西。简而言之，教研就是透过教育现象看教育本质。要找到教育现象的本质，学校的教研工作就要搞清楚三个问题：谁教研？教研什么？怎样教研？

首先，明确谁教研的问题。当然是老师进行教研。教育部原部长周济指出："一个不搞教学的教师，算不上真正的教师；一个不搞科研的教师，成不了一流的教师；不能将科研成果转化为生产力的教师，是跟不上时代发展步伐的教师。"教研是教师专业化发展的重要途径。三年多来，我所在的学校一直非常重视老师的专业成长，采取了一系列措施：组织教师成长共同体，就是以有经验的老教师为依托，为年轻教师搭建成长的平台。创立首席教师制度，这是对默默耕耘、一丝不苟、业务精湛的老教师的一种肯定和认可。他们的精神是学校德育的一面旗帜,他们的业务水平是青年教师专业成长的方向。

其次,清楚教研什么的问题。苏霍姆林斯基说:"只有善于分析自己的工作的教师,才能成为得力的、有经验的教师。在自己的工作中分析各种教育现象,正是向教育的智慧攀登的第一个阶梯。"中小学教师教研什么?其实,教研的内容非常丰富,凡是学校教育教学中出现的问题和现象,都可以成为教师研究的对象。但在教学实践中,教师一定要立足学校实际、立足课堂实际、立足自己的实际进行教研,可包括以下内容:课堂教学的范式、教学组织形式、教学方法改革、评价标准和评价机制、教学案例及分析等。总之,教师要做有思想、有个性的研究,有过程、有总结的研究,有反思、有创新的研究。

再次,理顺怎样教研的问题。通俗地说,就是要用我们的语言叙述我们的实践,从我们的实践中提炼经验,让我们的经验体现我们的特色。即想自己的问题,做自己的工作,说自己的故事,讲自己的道理。

愿学校的教研工作走出一条属于自己的特色之路!

# 明确方向,统筹规划,扎实推进

年年岁岁花相似,岁岁年年人不同。老师的工作是琐碎的、忙碌的、事无巨细的。如果我们整天忙碌在琐碎的事务当中,只管低头拉车,不知抬头看路,往往会迷失方向。所以,老师首先要明确方向,然后理清思路,统筹规划,才能一步一个脚印地扎实推进。

## 一、课堂,学校生命的根基

学校工作涉及方方面面,最基础的工作是什么?侧重点不同,答案未必统一。打一个比方,学校是一个人的话,它的命脉是什么?是课堂,课堂是学校的生命之源。因为课堂的高度决定了学校的高度,课堂的效率决定了学生的效率,课堂的温度决定了学生学习生活的幸福指数。它的心脏是什么?是老师,老师是学校生命的动力之源。因为老师的高度决定了课堂的高度,老师的课程观决定了教学观,老师的价值观决定了学生观。那么,应如何打造高质量的课堂?这还得从老师的日常工作说起。

### 1. 学科修养

俗话说:"巧妇难为无米之炊。"教师没有深厚的学科素养想上好课就是纸上谈兵,利用网络搜集整理信息资料不是长久之计。老师对教材的见解要有深度,讲解要有高度,自己的文化素养必须有厚度。

教师需要具有丰富的实践经验和很强的教学研究能力。教学研究能力在大学的课堂上是学不到的,必须"做中学、学中做"。因此,老师的再学习至关重要。

### 2. 备课

如果说学科素养是教师必备素质的话,那么备课就是态度问题。20世纪80年代初,如果一名老师只拿着一本教学参考书走进教室,不看课本就口若悬河地讲,学生会认为他学问高深。现在还这样的话,学生会做何评价?备课是一个日积月累的过程,没有平时的积累,讲好课是件很难的事情。好课不是练出来的,是积累来的。教学技巧可以靠训练,但学科素养要靠培养、靠积累。

### 3. 激情

古人云:"山不在高,有仙则灵;水不在深,有龙则灵。"上课也是这样,老师上课的激情就是那山中"仙"、水中"龙"。没有了对教育的热爱,任你用再先进的现代教学手段,也只是徒具其形;任你用再华美的语言、再动听的语调上课,也不会打动学生的心灵,震撼学生的灵魂。

## 二、理念,学校教研的灵魂

我所在的学校的教研理念是"想大问题,做小事情""从能够改变的地方开始"。小课题虽小,量变到一定程度,就会质变。

一名合格的老师不仅要教书育人,要树立终身学习的理念,不断学习现代科学的教育教学理论,学习新知识,发展新能力,还要深入开展教研,做到教学研统一。我国著名学者查有梁先生对教学研的关系进行了精辟的概括:"学然后知不足,教然后知困,研然后知美;知不足然后能自反也,自反方知:学习即快乐;知困然后能自强也,自强方知:教育即发展;知美然后能自创也,自创方知:创造即享受。故曰:教学研相长也,此乃教育之理想境界也。"

## 三、执行,学校行动的保障

在我国,学校制定了很多教研制度,但落地的关键靠执行。如何落实到位?这就是一个很好的教研课题。

# 和单中惠教授的故事

　　大千世界,芸芸众生,相逢是一种缘分。2008 年,我在济南参加校长任职资格培训时,向山东师范大学的王小娅教授请教了一个问题:"如何看待孔子的启发式教学和苏格拉底的产婆术?"王教授告诉我可以到华东师范大学单中惠教授的著作《外国教育思想史》中寻找答案。2016 年 12 月 5 日,我在华东师范大学参加研修班,日程安排中单教授的名字赫然在列,我欣喜万分,终于见到真人了。

　　当单教授走进教室时,我的内心倒是很平静,似曾相识不相逢。报告结束后,我把八年前的疑问以纸条的形式交给了单教授。让我意想不到的是晚上九点多,单教授发来了短信:"王永田老师,您好。看了您的纸条,谢谢您告诉我八年前的情况!不知您后来有没有买到这本书?如果没有的话,我可以送您一本。我明天上课前会到你们教室去一下。"惊喜之余,我马上回复:"尊敬的单教授您好。那本书 2008 年就网购了,一有困惑就读。2001 年我在广西师范大学参加第三期骨干教师培训时,读了钟启泉教授的《课程流派研究》,对课程论和心理学产生了浓厚的兴趣,但对西方的教育思想史了解不够多,所以拜读了您的著作。今天上午,您的讲座让我十几年解不开的困惑释然了。传统教育和现代教育要融合,不能二元对立。在您的报告中,我感受到了一位老教育工作者的严谨、慈祥、渊博、睿智、远见。这就是对教师角色的最好诠释,也是晚辈工作前行的动力!"

　　第二天上午,我们如约在教室见面。让我想不到的是,单教授赠给我一本书,他编译的《博伊丹与迪尔菲尔德中学》,介绍了一位美国校长 66 年的治校生涯。看着扉页上他的题字和鲜红的私人印章,我明白了单教授的用意,一切尽在不言中。

　　单教授说"在世界范围内寻找现代教育智慧",就是隐喻我们要从哲学的高度审视教育。所谓教育哲学,就是对教育的基本问题从哲学高度进行分析,增进教育者对教育理论与实践的理性认知水平,促使教育者反思自己的教学实践,对教育理论知识进行批判与建构。

　　对于教育工作者来说,学习教育思想史是十分重要的。"历史使人明智",

"以史为鉴",历史不仅能使人们对过去和现在的事情做出合理的解释,也能对将来的事情做出合理的推测。因此,对外国教育思想史的学习,对外国教育思想发展的历史轨迹进行考察,必将有助于教育工作者更好地认识外国教育思想发展的过去、现在及将来,更好地开展具有中国特色的社会主义教育理论的研究。

# 初识肖川教授

2001年10月8日至12月30日,我在广西师范大学参加了教育部组织的第三期骨干教师国家级培训班。

期间,我们聆听了肖川教授的报告"让学生在自主、合作、探究中成长"。初识肖川教授,他不修边幅,穿着一件简单的体恤。报告开始,他夹杂着浓重的湖南口音的普通话,使我对很多字听不清楚,只能意会。10分钟后我渐渐适应了,被肖川教授的报告深深地吸引。先进的教育理念,生动的案例,诗一样的语言,让我深深感受到中国语言文字的魅力!普普通通的词语通过不同的组合方式,意境却有着天壤之别。

2003年秋天,好友寄来了一个包裹,竟然是肖川教授的《教育的理想与信念》!我欣喜若狂,如饥似渴地阅读着,留白处写满了我的心得体会。后来,一位同事复印时把它弄丢了,心得体会也找不到了,我伤心了很长一段时间。

后来,我又陆续珍藏了肖川教授的《教育的智慧与真情》《教育的责任与使命》《教育的情趣与艺术》。

"把人从相互敌视、相互防范中解放出来,从心灵之间永无宁日的战争中解放出来,从狭隘的功利和世俗的羁绊中解放出来,把人从依附、盲从和定势中解放出来,把人从习俗、传统、群体压力以及本能欲望的束缚中解放出来,这就是教育的使命。任何教育无论它处于什么层次,以哪一方面为侧重点,致力于人自由而全面的发展都应是其安身立命之所,都是其根系所在,人的解放、自由、超越、完善都应是其根本性内涵。""良好的教育一定能够给无助的心灵带来希望,给稚嫩的双手带来力量,给迷蒙的双眼带来清明,给孱弱的身躯带来强健,给弯曲的脊梁带来挺拔,给卑琐的人们带来自信。而一个拥有希望、力量和自信的人,最有可能成为幸福生活的创造者和自由社会的建设者。"从这些诗一样的语言中,我们可以感知肖川教授的教育责任与使命,感受到他火一样的教育热情！

　　和优秀教师相比，我感觉自己要学习的东西太多；和身边的同龄人交流，感到自己某些方面确实需要提高。今天模仿张老师，明天模仿李老师，模仿来模仿去，却迷失了自己。静下心来想想，其实有条简捷的成长路径：静下心来做教师。

　　闲暇之余，阅读《教育的理想与信念》一书是不错的选择！

# 撬动未来教育的支点

## ——数据的魅力

　　中国教育界有一个颇为著名的问题叫"钱学森之问"，其实，在国际教育技术领域，也有一个颇为著名的问题，叫"乔布斯之问"。"乔布斯之问"是苹果公司创始人乔布斯提出的："为什么计算机改变了几乎所有领域，却唯独对学校教育的影响小得令人吃惊？"为什么教育信息化的实际效果与期望值之间存在这么大的落差呢？这才是"乔布斯之问"的核心。

　　我一直在思考一个问题："互联网+"到底给教育带来了什么？信息技术的发展可谓是日新月异，那么互联网、信息技术、教育三者之者到底是什么关系？我的体会是这样的，打一个比方：互联网是一个平台，如果把它比喻成一个工作坊的话，信息技术就是劳动的工具，那么在这个工作坊里用这个工具干什么？搜集数据、分析数据、应用数据。在"互联网+"时代，大家是否想过互联网平台记录的是什么数据？大部分是"据数"！也可以说现在进入了一个"据数"爆炸的时代，相较于16世纪的"量数"爆炸，"据数"爆炸的规模更大！什么是"量数"？量数是作为"量"而存在的数据，比"据数"更接近"数"，其核心要义是精确。什么是"据数"？人类早期对自身活动的记录即"史"，就是早期的"据数"，也可以说"据数"是历史的影子。"据数"的作用是什么？清晰地留据。

　　就是这个"清晰地留据"功能将会给教育带来巨大的变革。因为它能让因材施教真正落到实处。在课堂上利用互联网平台，可以让每一个学生的学习清晰地留据；再利用信息技术，精准地对这些数据进行分析：哪些知识点学生掌握了；哪些知识点掌握得不够牢固；哪些知识点还没有掌握。已经掌握的不必练习，掌握不牢固的要强化，未掌握的是学习的重难点。这样就能实现精准课堂教学，学生也会养成精准化的自主学习习惯，这样的教和学才能真正有效、高效。学生的学习应如此，教师的专业成长应如此，学校的评价也应如此。

"从人类的文明发展史看，以大数据和人工智能为驱动力的技术革命正在引领人类走向新文明时代。而新时代的人工智能，又不能脱离数据，数据可谓人工智能的母体。""给我一个支点，可以撬动地球。"找准大数据这个支点，就可以打开未来教育之门！

# 静下心来做教师

有关教师专业成长这个话题，仁者见仁，智者见智。其实，静下心来想想，还是有条简捷的成长路径摆在我们眼前：静下心来做教师。

## 一、读一本好书，享受一份闲适

闲暇之余，泡一杯清茶，放一段轻音乐，捧一卷好书慢慢品味也是一种心灵的舒展。在茶香的弥漫中，滤去的是浮躁，沉淀下的是自然和宁静；在曼妙的音乐中，灵感也许飘然而至；在书香中觅得古往今来，现实的纠葛如梦魇飘零。

枕边一卷，享受的也是宁静。拂去一天的疲惫，放空内心，柔和的灯光，点点繁星，会让我们的思绪变得格外灵动。

教师是一份需要耐得住寂寞的职业。耐得住寂寞就要学会忍受孤独，因为教育很难立竿见影。学生习惯的养成需要时间，思维培养需要过程，德育修养更需要生活的洗礼，习惯、思维、修养都不是一蹴而就的，教师要学会等待，学会等待就要忍受孤独。孤独是虫卵化蝶的等待，孤独是一种唯美的心境。

在我们孤独的时候就与经典为伴吧，为自己留一段空白，留一段云淡风轻的孤独之美！

## 二、试一种方法，尝试一种创新

"道求通，通则变，变则活。"在教学中，我们改变一种思维方式，尝试一种新的教学方法，会带来意外的收获。就像我们的发型若十几年不变，会给人呆板之感。若换一种发型，不但可以让自己改变一下形象，也会给他人带来惊喜。

课堂需要灵感的火花、思维的挑战、觉醒的刺激。

### 三、写一篇文章,提升一种境界

很多老师没有写作的习惯,其实,写作是一种提升自己的捷径。首先,写作能够促使我们深化对事物的认知。为什么面对同一篇课文,有的老师苦思冥想毫无灵感,有的老师却于无声处听惊雷?没有丰富的阅读,缺乏写作的历练,语感已钝化,思维已僵化,能有个性化的见解吗?其次,写作能梳理思路,使我们对事情的表达和理解井井有条、层次分明。一个会写作的人一定是思路清晰人。再次,写作能提高我们的口头语言表达能力。

让写作成为一种习惯,可以使我们思维的触角敏锐、看问题的视角独特,使我们的思想始终保持活跃的状态。保持思想的活跃就能让课堂的春天永驻!

# 左手捧书,右手握笔

## ——徜徉在阅读和写作之间

20世纪六七十年代,有些人喜欢在上衣的左口袋插上一支钢笔,表明自己是文化人,钢笔也成为那个时代知识分子的一种象征。然而,在21世纪的今天,衣袋里插钢笔的人少之又少。在无纸化阅读的今天,一些人甚至连读书都省略了。教师首先应是读书人。不喜欢读书的教师,怎会胸中有千壑,腹有诗书气自华?读是基础,写是提升。关于读书与写作,我想谈谈自己的体会。

### 一、写作,是一种煎熬

1991年12月,我第一次写教学论文,现在想来那根本不叫论文,只能算是经验总结。利用一周的时间苦思冥想凑齐了3000字,诚惶诚恐地拿给曾为教师的岳父过目,"还语文教师呢,连意思都表达不清,更不用说结构了!"老人家的一句话,让我这个新女婿无地自容。我红着脸拿回去反反复复地修改了一周,熬得满嘴都是血疮,再让岳父过目,仍是一句话:"小学生作文的水平!"

随后几年,我也尝试着写作,却不敢再让岳父过目,只是让妻子看一眼,没想到妻子也说:"虽然我不会写作,但看了你的文章就是不舒服,你说的比你写的好。既然能说出来,为什么写不出来呢?"对呀,为什么写不出来呢?这个问题一直像噩梦一样折磨着我。1995年,我和王宝峰老师成了同事。他很喜欢写词,对字词推敲的功夫简直让我吃惊。受他影响,我开始默默地读书。课余时间,学校订的报纸、刊物我一一阅读,细心地做笔记。2000年12月,我的第一篇处女作《落实新大纲精神,创造性使用现行教材》在《小学语文教学》刊物上发表。我和妻子激动地买了烧鸡拿着刊物去岳父家,让老人家也欢喜一番。从第一篇习作到第一篇文章的发表,我用了近十年的时间。

写作,真是一种痛苦的磨炼!

## 二、写作,是一种交流

2006年10月,我所在的学校建立了网站,我担任"班主任论坛"的版主,要读帖、回帖。这项工作使我在无意中学习了他人的长处,在与他人的交流中提高了写作能力,真是无意插柳柳成荫。至今,有些回帖我还珍藏着。

### 致耕夫

人如其名,老而弥坚。

没有一夜成名的"师"的光环,却总默默丈量着家与学校。

没有豪语壮言,憨憨一笑,把一切功利弥散于无形。

20余年,默默无言。

身后盛开着学生灿烂的笑脸。

20余年,严谨一贯。

无言的行动是最好的指南!

宽而有度,和蔼可善,

严而有爱,感知师爱无边。

### 致小溪

清清的小溪,

静静地流淌。

没有瀑布的宣示,

也没有急流的张扬。


日复一日,

年复一年,

就这样悄无声息地成长。
滋润了小草，
催生了希望。

## 致高山

有高山相伴，小溪更有生命的潺潺；
有高山相伴，芳草更会馨香弥漫；
有高山相伴，清风的沐浴也不会孤单；
有高山相伴，阳光深感内心的温暖。
我们的论坛，也是一幅秀美的山川。

## 再致高山

有一种感觉叫温馨，
有一种情感叫激动，
有一种反思叫成长，
有一种知己叫共鸣，
有一种学习叫交流，
有一种期待叫向往。

我们小溪淙淙，清水长流，
我们芳草萋萋，阳光普照，
我们个性飞扬，享受成长，
我们平静若水，在水一方，
享受着点点繁星的光辉，
沐浴着无痕的滋养。

耕夫的执着让我们自豪，
馨香一瓣的暗香让我们陶醉，
秋水无尘的澄明让我们高远，
慕白的理想让我们共享，
雾中舞，梦飞翔，
为了高山"诗的海洋"！

## 三致高山

高山，
我们没有豪语壮言，
但绝对有对孩子温馨的期盼。
也许，
我们相顾无言，
其实无须过多的寒暄。

高山常在，
小溪欢颜，
清水长流在山水之间。
芳草留恋，
蓬莱文章期盼，
阳光的味道盛满温馨的挂牵。

二实教育，
默默无言。
有了你心灵的祝愿，
论坛诚心，
留住亲爱的高山！

絮语一言，
常回家看看。
我们前世无缘，
不能隔绝你对教育的挂牵。
灵犀在心，
共同的愿望让我们携手向前！

这些文字，现在读来，还意犹未尽，同事的勤勉提醒我不要懒惰。
写作，是情感的交流，是思维的碰撞。

## 三、写作,是一种锤炼

2007 年 8 月,我调入无棣县第三实验学校工作。学校参与了"新学校行动研究"课题组的实验。"新学校行动研究"的目标是提取理想学校的基因、破译理想学校的密码、构建理想学校的模型。课题组每年召开两次论坛交流会,研究者交流各自学校的新做法。每次交流实际上都是对一学期教育教学工作经验的梳理、教育理念的提升、教育思想的锤炼。记得有一次我们学校确定的发言主题是"让学生静下来"。确定好主题后,我开始梳理思绪,每天晚上在家写作,第二天清晨到学校办公室轻声朗读昨晚的文字,拗口的地方再斟词酌句。一个月过去了,7500 余字的材料终于定稿。后来,这篇文章相继被《初中教育研究》《山东教育报》等发表或转载。

写作,是一个锤炼思想的过程。

## 四、写作,是一种真情

2011 年 11 月 8 日,我所在的学校举行"五老进课堂"活动,邀请博兴县鲍汝润老师给初一、初二的全体学生做报告,讲授学习英语的方法。我被鲍老师的精神感动,不禁有了如下感慨。

有一种感动,叫执着。从 65 岁开始,他在英语的王国里像一个孩童,蹒跚起步,牙牙学语。12 年弹指一挥间,如今,他用英语谈吐自如,妙趣横生。执着,贯穿始终。

有一种感动,叫激情。77 岁高龄,声如洪钟,慷慨激昂,似岁月不去,青春仍在。凭谁问,廉颇老矣,尚能饭否?

有一种态度,叫不放弃。有的同学说英语难,难于上青天。一位普通老人,从 65 岁开始学,用 12 年证明,世上无难事,只要下功夫。

有一种智慧,叫创新。"铁杆磨成针,功到自然成"讲的是持之以恒。现代社会,除执着之外,还要注重创新。一位年逾古稀的老人,探索出了一套适合自己的学习方法。

有一种榜样,叫行动。77 岁的老人尚能如此,何况正值风华正茂的我们! 请相信,没有比人更高的山,没有比脚更长的路! 榜样就在身边,行动从现在开始!

写作,是一种真情的表达。

左手捧书,右手握笔。一路走来,厚重、踏实。

# 淡泊中的跋涉，退避中的追求

## ——我的从教心路

回顾自己的从教历程，我想谈谈自己对教师职业的理解。

## 一、自强不息

成长是一个过程，执着贯穿始终。

1986 年 7 月 16 日，18 岁的我和一起毕业的 18 名同学住在工农兵旅馆，等待毕业分配。17 日早上，分配方案公布，我被分到了偏远的无棣县邓王乡中学。看着一起毕业的同学，有的被分到了实验学校，有的回到了自己的老家，他们脸上洋溢着灿烂的笑容。作为一名优秀的毕业生，我的心里酸酸的。回到家我把行李往炕上一扔，抱头痛哭，憨厚的父母也说不出什么安慰的话语，只能默默地陪着流泪。

7 月 18 日，我骑着自行车去邓王乡中学报到，破旧的校舍，没有院墙的校园，四周一片荒凉，光秃的盐碱地在炽热的阳光下泛着亮光。再看看年龄比我还大的初三学生，心里一片茫然。这就是我今后生活的地方？

暑假开学后，我教初一两个班的语文兼任一个班的班主任。工作起来，分配时的不悦也就逐渐淡忘了。初登讲台，意气风发，豪情万丈。没过多久，我就感觉到自己知识储备的贫乏，那颗浮躁的心也渐渐平静下来，于是开始了漫长的"独学"之旅。每天下午五点半抱着收音机收听《文学欣赏》节目，不停地记呀、写呀；星期六跑到县城书店买参考书，只买到了一本《古诗文名篇赏析》，看了一遍又一遍；一节课的教案写了十几页，唯恐漏掉一点"精彩"之处。教育局每年进行一次教学视导，领导们听了我的语文课。学校总结会上，老校长深情地说："教育局领导讲，王老师尽管年龄小，但备课认真，课也上得不错，这才是好老师！"听着老校长的表扬，我尽管表面上很平静，其实心里高兴得不得了。我第一次感受到了作为一名教育工作者的幸福。

农村的夜晚安宁幽静，连星星也明亮了许多。闻着泥土的芬芳，想着学生们的善良纯朴及其父母的憨厚朴实，我第一次有了温馨的感觉。

　　难忘邓王乡中学，它是我的第二故乡！与它三年的清贫相处，让我明白了一名青年教师要耐得住寂寞，让我学会了在淡泊中跋涉。

　　1989年9月，我被调到无棣县实验学校任教。我由一名中学老师变成了一名小学老师，原来静悄悄的课堂一下子变得叽叽喳喳，让我无所适从；小预备铃、预备铃、上课铃，数不清的铃声也让我心烦意乱（农村中学的上下课信号是钟声）。这时，校长找我谈心，鼓励我循序渐进；年长的同事们手把手地教我怎样组织教学才能适应小学生的心理特点。在校长的关心鼓励下，在同事们的热情帮助下，我很快适应了。学校的教学条件比农村学校好多了，我开始阅读一些教育刊物和教育书籍，接触一些现代化的教育理论，触角得到延伸，视野得以拓展。老师们爱岗敬业、勤勉谦逊的教风熏陶着我、感染着我，让我不能有丝毫懈怠。

　　自强，不仅要超越别人，更要超越自己；不息，不仅指在逆境中奋斗，更指在漫长的人生中坚持不变的信念。

## 二、坚守本心

　　成长是一个修炼心境的过程。

　　1994年，因工作需要，我被调到无棣县第二实验小学担任会计，还兼着三年级的语文课。近两年的时间里，我一边从事财务工作，一边上课。很多人劝我放弃一线的教学工作，专职财务工作，但我内心总是割舍不下。什么原因让我如此眷恋课堂？也许是"补救"心理使然。记得从师范学校毕业前的那个晚上，天下着小雨，我围着教学楼默默地走了三圈，想到明天就要彻底告别校园生活，不觉潸然泪下。18岁，恰同学少年，风华正茂；18岁，该是大学校园生活的开始。大学，成为我一生的梦想，也成为我一生的缺憾。从教的第一天，我就暗暗给自己鼓劲：让学生实现自己的大学梦，让他们不留下人生的缺憾！

　　1996年，我辞去会计工作，再一次全身心地投入教学一线。在以后几年中，我的课堂教学得到无棣县教研室刘宝池老师和杨爱华主任的精心指导，他们给我插上了一双隐形的翅膀。

　　在这个物质已高度发达的世界，我们面临许多诱惑，它们侵蚀着我们的初心；在这个竞争日益激烈的社会，我们面临很多压力，它们蹂躏着我们的初心。只有坚守初心，澄明如秋水，才会不迷失自我。

　　坚守初心，心静若水，就能在淡泊中跋涉。

### 三、包容育我

包容是一种豁达,容天容地。

罗丹说:"世上并不缺少美,而是缺少发现美的眼睛。"发现美的前提是欣赏,欣赏的前提是包容,包容对方的方方面面,甚至缺点。别人的经验要借鉴,别人的教训更值得我们去吸取,以让自己少犯错误。同事之间相互包容与欣赏,就可以打造一个积极、乐观、富有激情与创造精神、团队战斗力极强的和谐团队!

我们没办法去改变天气,却可以掌控自己的心情;我们没办法延长生命的长度,却可以拓宽生命的宽度;我们没办法改变他人,却可以改变自己。让自己想好的、听好的、说好的、做好的,最终才能得到最好的。心中有爱,万物皆美。

最后,以肖川老师的一段话做结:

> 带着信念去追求,
> 带着希望去寻找,
> 带着爱心去探索,
> 带着自信上路。
> 前方的路,
> 远没有尽头。

# 落实大纲精神,创造性使用现行教材

《九年义务教育全日制小学语文教学大纲》(2000年试用修订版,简称"大纲")的颁布和实施,体现了语文教育的新思想、新理念。此次修订,提出了"丰富语言的积累""发展个性,培养创造能力"的要求。而现行教材内容难以达到大纲的要求。于是,如何用好老教材,落实新大纲精神,便成为当前语文教师迫切需要解决的问题。根据多年的教学经验,我的做法是"浓缩与扩展",创造性地使用现行教材。

### 一、浓缩

所谓浓缩,就是压缩现行教材的内容。即以大纲为依据,适当删减教学内容,调整课时,兼并雷同教学内容,具体方法如下。

### 1. 删减

删减不符合教学要求的内容；删减重复过多的内容；删减要求过死的内容；删减乏味又难以理解的内容。

### 2. 合并

对相似的内容，本着"以大同为主兼顾小异"的原则进行合并改造。如将教材中的"听说、说话"改为口语交际，注重提高口语表达能力。

### 3. 再造

对一些年代较久远、不符合学生认知发展规律的内容应抛弃并相应增加新的内容，如一定数量的科普作品等。

在教材内容的取舍上不要受时代、地域的限制，更不要以名家、权威为标准，一切以学生为出发点，使教材内容贴近时代、贴近社会、贴近生活。经过浓缩，将现行教材内容压缩为引导学习和自学两部分。

引导学习部分：以现行教材中的讲读课文为骨架。低年级课文以童话、寓言、诗歌、故事为主；中高年级课文题材、体裁、风格多样，并有一定数量的科普作品。在教学过程中，教师要采用以学生自主活动为主的教学方式，建立民主平等的师生关系，创设开放、愉快的学习环境，注重学生语言文字材料的积累、语感的培养和整体的感悟，强调"授人以渔"，重视学法指导。在教学中应尊重学生的个体差异，鼓励学生采用适合自己的方法学习，重视学生的个性发展，允许学生有自己的见解，让每个学生有不同的发展。

自学部分：包括现行教材中的部分讲读课文、阅读课文和读写例话等。这部分内容重视学生自学能力的培养，强调学以致用，把学生在引导学习部分学到的知识和方法运用到自学课文中。

## 二、扩展

扩展就是扩大学生的视野，把语文和生活、社会紧密结合起来。以往语文教学质量不高，学生能力不强，原因是多方面的。但阅读量较少，语言积累不多，语文学习和生活、社会脱节是十分重要的原因。为此，语文教学要走向生活，走向社会，注重实践。具体的做法如下。

### 1. 增大课外阅读量

根据研究，中小学生理解一篇文章需以"感知"四五篇同一主题的文章为基础。这样，学生的课外阅读量应是讲读课文的四至五倍。

## 2. 丰富语文实践活动

语文与生活同在。应充分利用现实生活中的语文教学资源，构建课内外联系、校内外沟通、学科融汇的语文教学体系，拓宽语文教学的内容、形式与渠道，使学生在广阔的空间里学语文、用语文。应加强语文实践活动，让学生充分地读书、思考、交流，引导学生在语文实践活动中获取知识，形成能力。语文实践活动多数可以在课外开展，如办手抄报，有些也可以直接引进课堂教学中，如课外阅读指导与交流、开故事会、演课本剧。

## 3. 开展创新探索活动

创新探索活动不直接向学生呈现现成的知识，而是创设一定的问题情境，给出一定的材料和条件，让学生自己去探索并获取知识。这种活动为学生提供探究的问题和手段，让学生探究知识的发生过程，因而具有研究性；这种活动从问题的提出、方案的设计以及实施到结论的得出，完全由学生来做，因而具有自主性和创新性；这种活动一般要通过调查、课题研究、专题讨论、社会实践等方式进行，因而又具有开放性和实践性。创新探索活动的目的是鼓励学生从小做研究，培养学生独立思考的能力、独立处理问题的能力、组织材料和研究的能力。

（原文发表于《小学语文教学》2000 年 12 期，有删改）

# 知行统一，提高学校德育实效

## 一、引言

"道德准则，只有当它们被学生去追求、获得和亲身体验的时候，只有当它们变成学生独立的信念的时候，才能真正成为学生的精神财富。"知行统一、情意结合是道德教育的理想境界。然而，在我们的学校德育中，学生道德认知水平与行为表现脱节是常见的一种表现，也是学校德育工作中长期存在的一个难题。据调查显示，90%以上的学生认为在公共汽车上要给老弱病残让座，但实际这样做的只有 40% 左右。学生都懂得红绿灯的交通法规和意义，但能自觉遵守这一法规的学生平均只占 59%。1972 年联合国教科文组织在《学会生存》报告中指出，在现代德育中儿童的人格被割裂为两个互不接触的世界：

"在一个世界里,儿童像一个脱离现实的傀儡一样从事学习;而在另一个世界里,其通过某种违背教育的活动来获得自我满足。"这正是现代教育某一侧面的真实写照。随着改革开放的深入和市场经济的发展,人们的思想观念、价值观、人生观发生了深刻的变化,对小学德育提出了许多新的课题。因此,改革小学思想品德课教学,让学生知行统一,提高学校的德育实效刻不容缓。

## 二、研究的目的与意义

当前学生出现"言行不一""知行脱节"的现象,是学校德育效果不尽如人意的主要表现。造成这一结果的原因是多方面的,但其中一个不可忽视的因素是:道德是一种约束人们行为的伦理规范,一个人道德品质的高低关键在于其行为是否合乎伦理规范。可学校培养学生道德品质的切入点及着眼点不在行为,而在认识。很多学校似乎只是向学生讲授道德知识,而后通过考试等方式考查学生是否已经"知道"了教给他们的道德知识。因此,在传统道德教育中,学生被视为既定道德取向与道德规范的无条件的认同者与遵从者,他们既无权质疑,更无权提出新的道德取向与道德规范。他们所能做的仅仅是像口袋一样装下老师教的各种"美德"。知识、认知固然是培养良好的道德品质所必需的,理性认识的程度如何更是衡量道德品质的重要指标,但是直接在道德认识与道德行为之间画等号显然是不当的。杜威曾指出:"从别人那里听来的知识也许能使人产生某种行动……但这种知识不能培养个人的主动性和使他忠于他人的信念。"也就是说,知道这些知识并不能保障一个人具有相应的德性,而强制要求一个人按照说教做出某种机械的"表现",同样不能真正完成道德教育的任务。所以,传统的道德教育不可能独立承担对人的全面的道德教育,因为它忽视了个体内心的情感状态及体验。换句话说,传统的道德教育有"脑"(判断和推理)无"心"(情感和动机等)。从道德知识掌握到应用需要一个过程,需经历认知、体验情感、形成行为习惯、人格化等环节,强调熏陶和躬行。只有了解学生思想道德内化的过程,激发其内在的需要,才能将外在的道德准则内化为学生的品质。

苏霍姆林斯基说:"能激发出自我教育的教育,才是真正的教育。""道德真理只有在它们被少年开采、获取、体验到的情况下,才能成为心灵的财富。"学校德育一定要从科学世界"回到生活世界中",一定是对学生在日常生活与发展中的现实道德水平的理解与指导。德育只有立足学生的生活现实,才能被真实、动态地理解,才能实现道德的内化。

## 三、理论依据

本文以人本主义理论为依据，以小学思想品德课为载体，以实践活动为连接点，以实现知行统一为目的，探讨如何提高学校的德育实效性。

马斯洛强调人的潜能的充分发挥以及人格的健全发展。虽然他的理论学说存在这样或那样的缺陷，尤其忽略了社会历史发展在人的潜能实现中的作用，但这一学说仍对我们的教育工作有很大的借鉴意义。在教育问题上，马斯洛对不重视人、将人视为机器及完全忽略学生的主动性、价值选择乃至人格的健全发展的弊端的揭示与批评是有力而中肯的。他提出内在教育论，从理论上论证了人格健全发展才是教育的真正目标，提出了人的全面发展的整合视角，突出了学生创造性的发挥、良好性格的形成、情感的熏陶、生命意义的发现和价值观的获得直至健全人格的发展的地位。围绕教育目标的实现，他又阐明了一些合乎规律的教育主张：教育应承认并尊重学生先天禀赋的个别差异；教育应重视学生基本需要的满足；教育应注意提高学生的自我认识、自我选择能力；教育应与生活相结合，注意发挥生活经验的教育功能……马斯洛的这些观点对我国现阶段的教育工作是有一定的启发意义的。

关注学生个体健康成长的主体道德教育，必须在生活世界中进行。首先，就本体论而言，人的生活的价值高于一切，道德及道德教育必须为之服务。人的生活包括物质生活和精神生活两部分。人不仅要活（物质生活），而且要活得有意义（精神生活），由此产生了人类社会生活领域中的一系列关系准则：政治的、经济的、文化的，等等。其中，协调人—人关系、人—自然关系的规范，称为道德。可见道德的价值与存在取决于生活，道德教育的存在自然也是为了人的生活，为了人的精神生活，但它在客观上也对人的物质生活起一定的协调作用，因此可以说，德育的本质在于帮助个人完成对于人生意义的求索和生存质量的提高。以往德育的一个缺陷就在于忽视了德育对个体生活的意义，单纯从规范出发去要求学生，脱离生活、脱离实际，颠倒了生活与道德规范的关系，从而造成德育的低效乃至失效。其次，从德育促进个人道德社会化的角度理解，其同样包含着对人及其生活的关注。就人类整体而言，人的活动是为了满足人多方面的需要，而人的需要也只能靠人自己的活动去满足；就人类个体而言，个人既有自身的需要，又有以自己创造活动的成果满足自身、他人和社会的需要，个人的需要及其满足不是漫无边际和随心所欲的，而是受到社会的制约。为了使社会能够向前发展，人们必须约束自我的欲望，甚至牺牲个人的一些需求,并将精力转移到有利于社会、有利于大众的高尚的目标上来,德育因此具有促进个人道德社会化的作用。但这一作用发挥的最终目的仍在于人、在于生活。由于道德产生于人的需要,因而任何道德规范、道德理想都是人的创造物,着眼于社会的发展要求人、要求德育,从长远的客观结果看还是为了人及其发展。从生活问题入手,以生活为定向,才是发挥德育功能的正确方式。正如鲁宾斯坦所指出的,"教育的主要方面恰恰在于,使人同生活发生千丝万缕的联系,从各个方面向他提出对他有重大意义的、富有吸引力的任务,因而被他看作自己的、必须亲自解决的任务。这比什么都重要,因为道德上的一切缺陷、一切越轨行为的主要源泉,都是因人们的精神空虚而造成,当他们对周围生活漠不关心、冷眼旁观的时候,他们对一切都会满不在乎"。因此,德育只有根植于生活世界并为生活世界服务,才能具有长久的生命力。

## 四、研究内容与方法

### (一)研究内容

由于时间关系,本文仅就"小学生良好生活习惯的养成教育"进行研究,具体内容如下:

(1)培养学生良好的个人卫生习惯。

(2)使学生了解勤俭节约是我国的传统美德,应在日常生活中养成勤俭节约的好习惯。

(3)培养良好的作息习惯,做到自己的事情自己做。

### (二)研究对象

将无棣镇中心小学二年级一班作为实验班,二班为对照班,各33人。

### (三)研究方法

文献法、调查法、行动研究法。

## 五、研究过程

### (一)课堂渗透,激发道德情感

课堂教学是学校工作的中心,忽略了课堂教学,实际上是丢掉了德育工作的主阵地。因此,注重在课堂教学中渗透德育,是提高德育工作实效的有力保证。教师应认真学习课程标准,多渠道搜集信息,探求知识教学与思想教育的最佳结合点。渗透德育不仅要与知识传授、能力培养相结合，而且要选准德育要求与学生需求的最佳结合点，才能增强德育的针对性，收到较好的效果。在课题研究过程中，我们通过调查了解到学生有随手关灯的习惯，但节约用水的意识较差。在《节约水电》一课的教学中，我侧重节约用水的德育渗透，先创设一种情景："在一片美丽的大森林中，小动物们快乐地生活着。小白兔蹦蹦跳跳，小猴子调皮地在树上荡秋千，小松鼠在树枝上灵活地跳来跳去……这一天，小河里的水干枯了，小动物们会怎样呢？"然后学生分小组自编自导自演童话剧。童话表演是二年级学生喜闻乐见的一种活动形式，他们想象力丰富，积极参与，通过创作表演领悟到了水的重要性。表演后学生各抒己见，竞相发言：保护环境，节约用水，从一点一滴做起，不让眼泪成为地球上的最后一滴水……这样既提高了道德认识，又激发了道德情感。在这节课中，老师只是活动的组织者，是"一位顾问，一位交换意见的参加者，一位帮助发现矛盾论点而不是拿出现成真理的人"。

思想品德课之所以强调情感教学，是因为任何美好品德的形成都离不开"情"字，它是道德行为形成的重要动力。儿童思想品德的形成更离不开情感因素，他们对道德概念的理解，对道德观点的掌握，对道德行为的辨别、判断以及道德行为的产生，情感因素起着重要作用。老师要根据教学内容的需要，创设相应的教学情境，吸引学生进入角色，产生情感共鸣。这种做法不仅能激发学生的学习兴趣、增强教学效果，而且可把教材内容化难为易、化深为浅、化抽象为具体，使学生深入理解道德的内涵。在教学中，老师要善于激发学生的道德情感，这既是思想品德课的教学任务之一，又是重要的教学原则和方法。

### （二）生活体验，引发自我教育

教育是指导教育和自我教育的统一体，由教育者的施教和学习者的自教共同组成。从教育是指导教育和自我教育统一体的教育观出发，自我教育是指个体把自身作为对象，按社会的要求和自身发展的需求，发挥自主性，主动学习，使自己成为社会需要的人的活动。良好的教育效果和教育目标的实现是通过指导教育和自我教育的共同活动实现的。在教育活动中，自我教育不仅是指导教育的辅助，而且是指导教育的目的。教育活动先由指导教育开始，引发学生的自我教育，并以自我教育为主。

德育在形式上具有外在的规范性和约束性，但其实质上的约束来自个人主体。道德品质不能靠说教、灌输产生，而是在德育实践活动中经过主体的道德选择、自主建构而形成的。课题组在研究过程中注意引导学生把在课堂中感悟到的道德知识在生活中加以体验，引发自我教育。例如，很多学生做不到自己的事情自己做，房间靠父母打扫，不能按时起床，没有良好的作息习惯。在学习《自己的事情自己做》一课后，学生制订目标计划，争当"有良好生活习惯的学生"，培养自我管理能力。具体方法如下。

### 1. 确定目标

首先，让学生明确自己的目标是什么。没有目标，就会失去方向。其次，目标要适当、合理、正确。目标不能太高，无法达到就会挫伤学生的积极性和自信心。反之，目标定得太低，没有足够的挑战性，同样会挫伤学生的积极性。再次，目标一定要由学生确定，家长、老师不能代办。在教师的引导、家长的配合下，学生针对自己的实际情况，确定自己努力的目标。

### 2. 制订计划

目标确定好后，再制订周密的计划和步骤去"多、快、好、省"地完成目标。计划应包括时间安排、内容、参与人、步骤等内容。

### 3. 实施

确定目标和制订计划都是前期准备工作，关键是实施计划。这是能否完成目标最重要的部分，也是培养学生自我管理能力、实现自我教育最重要、最难实施的部分。老师要学会容忍学生在自我管理中的反复或失败。

### 4. 注意反馈

已确定的目标是否合理、适当，制订的计划是否周密、有无缺陷，实施的过程中有无问题，老师应及时关注，以便做出必要和适当的调整。

## （三）活动内化，持续道德行为

道德就其本质来说是个体问题，真正的道德成长发生在个体内部，道德的形成是一个内化的过程。因此，学校德育要发挥学生的主体作用，让学生通过主题活动亲身体验，在亲身体验中受到教育。亚里士多德认为只有在道德实践中才能修德养性。"我们做公正的事情才能成为公正的人；进行节制，才能成为节制的人；有勇敢的表现，才能成为勇敢的人。"学生只有在形成了道德认识并对自己的道德认识不断进行整合、重构、反思与自我评价后，才能逐渐形成和发展自己的道德观念和价值标准，从而在道德上趋于成熟。所以，学校德育应该走出课堂,在生活实践中进行。在晨会、班队活动、社会实践活动、学校传统活动等活动课程尚无法成为学校主要的德育课程时,"思想品德"课程力求通过教法的改革,对知识、理论教学与实践、活动、行为训练进行平衡,把知、行切实结合起来。可在每一课后都安排实践活动与行为训练,要求学生以个人或小组、班级为单位完成。比如在进行"讲究个人卫生"教育时,安排小记者活动:采访牙科医生,了解"龋齿"的成因,然后在全班举行一次"让我们的牙齿更健康"班队活动,把讲究个人卫生变成学生的一种持续的道德行为。在进行"勤劳节俭"教育时,让学生调查每个月自己家庭的收入与支出情况,使学生认识到要量入为出。

## 六、结论与思考

### (一)尊重学生的内在需要是德育的基础

深入德育的内部过程就会发现,德育本质上是个体人格和品德的建构过程,是学生内在需要和社会道德原则对话的过程。然而,现实中的德育在一定程度上已经成为教育者对受教育者人格和品德的改造过程。要改变这种状况,就应当尊重学生的内在需要,确立其在德育中的主体地位。

可以这样假设:人,是一种能量载体,能量本身无善恶之分。这种能量具有两种可能性:其一是成为一种建设性的力量;其二是成为一种破坏性的力量。最终能量是发挥建设性作用还是发挥破坏性作用,并不取决于能量本身,而取决于外部的引导。学校德育显然是要使这种能量成为建设性力量。社会规范对人的发展是否具有意义,一要看其是否有利于个体过富有创造性的生活,二要看其是不是个体自由选择的结果。学生道德选择的能力只有在以自主为基础的道德选择活动中才能逐渐养成和提高。

传统的德育大多重视学生对道德规范的顺从,而无视学生的主体性,忽视学生主动精神的培养,因此,教育效果不佳。在一定意义上说,尊重学生的内在需要是实现德育的基础。在德育过程中,要充分尊重学生的内在需要,因势利导,寻求社会规范与学生个体需要的结合点,使学生实现某种需要、愿望,从中获得精神上的享受,使他们不把各种道德规范视为约束与限制,而当作自我肯定、自我发展的需要。这样,就能实现知、情、意、行的统一和学生的自我教育。

### （二）以情感教育为主要实施手段

要提高德育工作的实效性，情感教育是十分重要的。情感是人与人之间沟通思想的桥梁。教师唯有心里装着学生，学生心里才有教师。情，不是教师一时冲动形成的倾盆大雨，而是心灵深处缓缓流淌出的沁人心脾的清泉。唯有坚持以情感人，才能增强德育工作的感染性、有效性。

#### 1. 教师的说教要使学生心动

所谓心动，是指教师的说理教育不仅要使学生提高认识、明白事理，而且要激发学生的积极性。说理教育仅仅是教育的第一步，应该进一步激发学生的积极性，把认识变为行动。

#### 2. 教师要引导教育学生形成正确的、积极开朗的情感

人对于事物所持的态度，不外乎肯定或否定两种态度。人们对事物是持肯定态度还是持否定态度，与其分辨能力、认识能力以及思想道德修养有密切的关系。教师对学生"动之以情"，必须是在学生具有正确的认识和分辨能力的前提下进行。没有情感的是非分辨能力，学生会在实际生活中陷入盲目的爱恨之中，这对他们的成长是极为不利的。因此，在对学生情感的培养中，要教育他们情中有"度"，保持健康的情感、理智的情感和谐发展。

#### 3. 教师要抓住"闪光点"，扬其长改其短

善用物者无弃物，善用人者无弃人。每个人都有闪光点。教师要善于观察学生身上的闪光点，尤其是那些被遮盖着的长处，立足于争、着眼于救、着手于拉，积极创造条件，使他们的长处有用武之地。

### （三）以自我教育为主要施教方式

任何教育最终必须变成学生自己的认识、自己的情感、自己的意志、自己的行为，才能发挥育人作用。任何有效的教育过程，都应该是在学生自觉地、积极地参加中进行的，学生只有自己参与学习、参与管理、参与与自己成长有关的活动，才能获得深刻的体验。因此，教师要设法调动学生参与的积极性、主动性，激发学生开展自我教育的愿望。首先，引导学生进行自我设计，认识自我，正确评价自我，建构自我，树立正确的目标。其次，让学生自我践行，提高学生的自我管理能力。

### 1. 引导学生进行自我管理

建立全方位、立体式的自我管理系统,让学生人人参与,各司其职,自己管理自己,从而使学生在自我管理的实践中,约束自我、教育自我,并增长才干。教师在整个管理过程中,要树立民主意识,发挥学生的积极性和创造性,起到调控、引导、服务的作用,切莫包办代替。学生通过自我管理,增强自我约束、自我控制的能力,优化心理品质,开发心理潜能,协调心理行为。

### 2. 注重发展功能

引导学生自我践行,使他们通过努力实现目标,增强自信心,增强自我控制、自我约束、自我管理的能力,从而发展自己、提高自己。在实践活动中,教师可多运用理想激励、目标激励、榜样激励等方式使学生不断进步。贝多芬有句名言:"为了获得'更美'的效果,没有一条规律不可被破坏。"对学生进行思想教育,也必须对传统的工作方法进行改革,舍弃不合时代特点的观念、做法。人都有这样一种心理,别人强加给自己的观点,即使是正确的,也不会轻易接受;如果是自己认准了的事,难度再大,也会想办法去完成。根据这种心理,教育者应当充分发挥学生的自我教育作用,使学生从"受教育者"变成"教育者",从被动接受教育变成主动教育自己和别人,从而改造自己、约束自己。"如果一个人在童年时代就体验到了他成功克服自身弱点的欢悦,他就会开始以批判的目光看待自己,由此也便开始了自我认识,而没有这种自我认识,则既不可能有任何自我教育,也不可能有任何自律。"

# "一二三四五"课堂教学模式

伴随着素质教育的推进和新一轮课堂教学改革的不断深入,基础教育阶段的课堂教学展现出前所未有的新变化,各种教学理念的争鸣,各种教学思想的碰撞,各种教学模式的产生,各种教学手段的应用,各种教学方法的出现,各种教学环境的创建,使今天的课堂教学向着多元化的方向发展。各种教学元素触及课改的实质就是追求高效。

课改是一段蕴含智慧、充满创新、团结奋斗的心路历程,无棣县第三实验学校坚实地行走在新课改的道路上。无棣县第三实验学校的教学改革经历了合作教学探索、"30+10"课堂教学模式研究等阶段,截至目前,我们形成了真正彰显学校特色、符合教师和学生实际的"一二三四五"课堂教学模式。"一二三四五"即回归一个原点，坚持两条底线，立足三个原则，贯彻四个标准，把控五个工具。

# 一、回归一个原点

课堂教学的原点就是"教什么和怎么教"。

## （一）教什么

教师的教大抵分为三种类型：基于经验的教，基于教材的教，基于课程标准的教。毋庸置疑，基于课程标准并对课程标准做出校本化解读的教才是高效教学的有效途径。课程标准给出的教学目标往往是粗放的、笼统的，需要教师结合自身实际、学生实际、教材内容对课程标准进行校本化解读。例如，明确哪些是知识目标，哪些是能力目标，哪些是情感目标；哪些知识是需要了解的，哪些是需要掌握的，哪些是需要理解的，哪些是需要讨论的，哪些是需要辩论的；能力目标的实现需要哪些知识、哪些活动、哪些情境、哪些资源；除基本的情感目标外，结合本节课内容和地域文化特征还需要培养学生哪些特定的情感态度价值观。概而言之，解读课程标准就是要明确课堂到底要教什么。我们在教知识的同时，更应该教思维，关注学生获取知识、养成能力的方法和途径，真正做到让知识在学生思维深处穿行。

课堂教学不是教师在课堂上进行的"表演"，而是引导学生课前预习、合作学习、拓展延伸、检测反馈等环节的完美结合。作为教师，我们要充分了解学生的预习效果，明确哪些问题学生已经掌握，哪些问题学生理解不到位，哪些问题学生存在困惑，学生有哪些有价值的生成。学生预习阶段的困惑、迷茫、盲点以及有价值的生成就成为课堂教学中教师应关注的主要内容。

## （二）怎么教

伴随着慕课时代的到来、翻转课堂的出现，传统意义上的"课上讲解、课下巩固"课堂结构已经不能适应时代发展的潮流，取而代之的是课前学习和课上探究。无棣县第三实验学校深入贯彻翻转课堂的教学理念，课堂结构发生了实质性变化，实现了课前知识提取和课堂知识内化两个环节的有机结合。在知识提取阶段，我们借助传统意义上的学案（由于地域经济发展的限制，全方位的网络教学尚不能实现）以问题形式引领学生自主学习，帮助学生形成较为清晰的知识体系；在知识内化阶段，我们借助多媒体，在学生预习阶段思维的断裂处、认知的迷茫处、生成的多元处展示有效的学习资源，如问题、情境、音频、视频、图片等，引领学生的思维向着纵深方向发展。多媒体与学案是课堂教学的两大载体，但二者的作用不是教材知识的简单搬运，也不是学案内容的翻版，而是让课堂教学丰富起来、系统起来、深刻起来。

## 二、坚持两条底线

坚持两条底线即"以学生为中心，以课程标准为引领"。只有坚持以学生为中心，才能保证学习在学生身上发生，在学生身上深层次发生，才能确保课堂教学高效；只有坚持以课程标准为引领，才能明确学科的本质特征，明确学科教学所要培养的学生的学科素养。以语文学科为例，很多教师把语文课上成历史课、思想品德课，原因就在于其对语文课程标准理解得不够深刻，所以语文教师要抓住语文学科两大本质特征——读和写，要用语文元素（遣词造句、修辞、文章结构、选材、主旨、表现手法等）教语文，要站在教课程的角度教语文，我们的语文课才会有高度、深度和厚度。

## 三、立足三个原则

课堂教学有以下三个原则：即预习要充分，培养预见性；合作探究要真实，落脚深刻性；巩固拓展要扎实，突出丰富性。

### （一）预习要充分，培养预见性

在预习阶段仅仅阅读知识是肤浅的，因为没有思维的知识是缺乏活力的。预习，实质是提取知识的过程，也是考验学生思维能力的过程。为什么有的学生在预习阶段提不出一个问题？学生不是不想提问题，而是不知道从哪个角度提问题、提什么样的问题，因为学生习惯于知识的灌输！学生在预习阶段，对自己发现的问题应该进行信息的提取、经验的介入、过程的推演、方向的预判，这就是培养学生思维的预见性。当学生带着问题走进课堂时，才会产生思维的碰撞，享受结论求证的过程体验，即学生通过思考来解释、得到和验证结论。这样的学习绝不是身心的负担，而是一种求知若渴的主动。

### （二）合作探究要真实，落脚深刻性

如何判断合作探究是否有深刻？第一，探究的问题符合学生的认知水平。

探究的问题不是一看就会的简单问题，也不是教师从教的角度设计的问题，而是学生在预习过程中提出的富有挑战性、开放性、不确定性的问题。因为只有这样的问题，才会启发学生的高级思维。第二，学习探究展现学生的思维过程。我们的课堂教学太多以内容为中心，思考题大多强调的是文本描述的是什么，忽略了为什么这样描述。"是什么"属内容范畴，"为什么"属思维范畴。有些教师试图做出改变，认为学生的思维是可以教的，告诉学生问题是什么、怎样解决问题、解决问题的方法，然后把问题解决留给学生。其实，教师这么做是用自己的思维代替了学生的思维。

在合作探究阶段，学生学习的落脚点应该放在培养学生思维的深刻性上。所谓的深刻性是相对的，即针对学生已有的知识水平，能够引起学生的认知冲突，也就是常说的"跳一跳就能摘到桃子"。思维起源于疑惑，是一个不断提问、不断解答、不断追问、不断明朗的过程。因此我们倡导教师的预设（提问）牵一发而动全身，让学生的思维起始于迷茫而终止于更高层次的迷茫，使学生的认知水平实现螺旋式上升。

### （三）巩固拓展要扎实，突出丰富性

学以致用，巩固拓展，作为课堂教学的最终环节，要和生活世界紧密结合起来。日常问题不像书本问题那么简单明了，书本问题也不像日常问题那么复杂，所以巩固拓展一定要扎实，向生活问题靠拢，增强思维的灵活性。灵活性反映了智力的迁移，就如我们平常说的"举一反三""运用自如"。"横看成岭侧成峰，远近高低各不同"启示我们要从不同的角度看问题；"条条大路通罗马"告诉我们思考问题、解决问题有很多途径；"山重水复疑无路，柳暗花明又一村"暗示我们有时逆向思维可能峰回路转。可见，打开思维之门，激发学生的想象力、创造力，就会使学生的见解不落俗套。

总之，预习是课堂教学的准备工作，是思维的起点；合作探究是课堂教学的关键，是思维的碰撞、智慧的孕育；巩固拓展是认知的夯实、智力的迁移、能力的形成。三阶段相辅相成，循序渐进，相得益彰。课堂教学的最终目的是培养学生的思维能力，让学生学会学习。

## 四、贯彻四个标准

在无棣县第三实验学校，教师进行课堂教学贯彻的标准有以下四个。

以学定教——根据学情确定教学目标。

以学促教——根据学情思考到底该怎么教。

以教促学——通过教引领学生思维发展。

教学相长——师生共同提高。

## 五、把控五个工具

走进课堂,我们发现了许多问题,集中表现为:课堂不能面向全体学生,成为少数优等生按照教师的预设进行的"表演";合作教学落实不到位,不合作、假合作现象在课堂上普遍存在;有效学习落实不到位,教师过多关注多媒体课件的展示,缺少了对学生思维有效的引导;问题设计不够科学,大量的"不是问题的问题、不是活动的活动、不是情境的情境"充斥于课堂;评价环节缺失。针对此,我们设计使用了五个课堂教学工具:以学习为中心、以合作为平台、以问题为主线、以评价为手段、以实效为目标。

### (一)以学习为中心

以学习为中心就是要充分发挥学生的主体作用,让学习在学生身上真实发生。

### (二)以合作为平台

合作教学即小组教学,旨在让学生自主学习、合作学习与探究学习,推动学生整体性、捆绑式、均衡性发展。

#### 1. 小组建设

小组人员以 4 ～ 6 人为宜,最多不超过 8 人。

均衡性原则:各小组人员按照学习成绩、行为习惯、性别、道德素养等均衡分配,防止小组间产生过大差异,造成小组发展失衡。

公平性原则:给小组成员编号不能以学习成绩为依据,要按照小组成员的责任分工编号,如小组长负责小组全面工作,编 1 号,负责提问的同学编 2 号,负责收作业的同学编 3 号,负责小组纪律的同学编 4 号,负责小组卫生的同学编 5 号,负责小组评价的同学编 6 号。这样可有效避免人为地给学生贴标签、伤害学生自尊,也确保了小组成员责任明确,从而推动小组健康、稳定、可持续发展。

## 2. 小组交流

小组交流是合作学习的重要环节,分为自主学习、组内交流、组间交流和全班交流四种形式。

自主学习:自主学习是小组交流的前提,合作学习必须有充分的自主学习的时间,反之合作就是无本之木、无源之水(课前完成)。

组内交流:主要交流学生在自主学习阶段的成果和产生的困惑与问题,集思广益,尽力解决问题。

组间交流:主要交流小组内不能解决的问题。

全班交流:通过组间交流仍有部分问题不能解决或解决不到位的,在全班交流,期间要充分发挥教师的引导作用。

通过小组交流,许多问题被解决了,而真正需要教师讲解引导的只是一些难点问题,这样就真正把课堂还给了学生。

## 3. 小组展示

教师应该为学生创设充分的展示和表达的机会。小组展示包括小组学习成果展示、困惑展示、生成展示、问题展示、有效资源展示等内容。

## 4. 真合作

自主学习与合作学习是两种基本的学习方式。我们的课堂要留给学生充分的自主学习的时间,不是整堂课都在合作。同样,在自主学习的基础上,也要留给学生必要的合作学习时间,保证课堂教学的深度。所谓的真合作就是在以下几个关键点上的合作,即学生认知的迷茫处、思维的断裂处、生成的多元处、情感的生发处。

## (三)以问题为主线

问题是引领课堂最有效的工具。问题设计是否科学、合理直接关系到课堂教学的实效性高低。问题的设计应遵循以下原则。

## 1. 基础性

义务教育阶段的课堂问题设计应以基础性问题为主,借助基础性问题帮助学生构建完整清晰的知识体系,并留给学生充足的自主学习的空间。

## 2. 分层性

问题设计应由基础性问题到能力性问题，再到拓展性问题，经历由易到难、由浅入深的过程，这符合学生的思维特点和认知规律。

## 3. 深刻性

针对教材的重难点，教师应该设计有难度、有意义的问题，引领学生的思维发展。

## 4. 探究性

探究性问题是激发学生思维和灵感的有效工具。

## 5. 情境性

在教学过程中，一些重要的问题要配以相应的教学情境和教学活动，以最大限度地激发学生的学习兴趣。

## 6. 实践性

课堂教学的目的之一是引领学生运用所学知识解决生活中的现实问题，因此，问题设计要和生活接轨，和社会热点接轨，培养学生的实践运用能力。

# （四）以评价为手段

评价是激发学生学习兴趣、唤醒学生求知欲、培养学生合作意识、激励学生发展进步的有力工具。

评价原则：个体评价和团队评价相结合，以团队评价为主。

评价方法：个体评价以激励引导为主，团队评价以量化打分为主。具体操作如下。

A类问题（即思维难度较高的问题）要由各小组思维水平较高的学生完成，根据完成质量分别赋予6分、5分、4分、3分、2分、1分、0分，B类问题则由各小组思维水平一般的学生回答，最后累加小组最后得分，评选优秀学习小组和先进个人。这样做既体现了因材施教的原则，又兼顾了公平，确保了小组合作效率最大化。

# 第四辑

## 富有灵魂的德育

良好的教育一定能给无助的心灵带来希望，给稚嫩的双手带来力量，给迷蒙的双眼带来澄明，给孱弱的身躯带来强健，给弯曲的脊梁带来挺拔，给卑琐的人们带来自信。

——肖川

# 相信是一种力量

班级管理最大的难题，是如何在老师和学生之间建立信任关系。老师要相信学生、依靠学生、解放学生、发展学生。如果老师的相信与学生的自信形成良性循环，那么老师就会给学生插上隐形的翅膀，就会看到"所有梦想都开花"。

学生如果是健康、快乐的，那么这个学校的教育就是成功的。快乐来自同学的尊重与信任，来自老师的理解与呵护。

学校应该是什么样的？应该是充满正义与公平的地方，应该是具有文化品位与精神感召力的地方，应该是理想社会的雏形。学校应该让郎朗的读书声、欢快的笑声、悠扬的歌声飘荡在校园的上空！

老师要学会等待。学会等待，意味着宽容和尊重，意味着真诚地期盼，意味着对学生温情地陪伴。2004 年 8 月底，由于学校重组，我所教的八年级八班被划拨到了另一所兄弟学校。过去的两年里，作为班主任的我和学生朝夕相处，依依不舍。9 月 10 日教师节这天，我收到了一份特殊的礼物——曾经的八班的学生每人给我写了一封信。读着一封封书信，我难以控制自己的感情，挥笔给全班学生写了一封回信。

## 致八年级八班全体同学的一封信

让我魂牵梦绕的同学们：

不知道为什么，今夜竟不知道对你们说些什么，无语凝噎！

回首往事，竟然潸然泪下，好像只有泪水，才能挽回往日的回忆、表达对你们美好的祝愿。

八年级八班已离我而去，但永驻我心。知道你们要离开的那一天，我就开始给你们每个人写信，这些信我会在你们毕业时送给你们。到那时，在我们曾经的八年级八班教室，我会双手递到每一个人手中！

望每一位同学坚守我们的诺言。

我始终相信每一个同学都能成功！

千万不要忘记老师未尽的叮嘱！

2004 年 9 月 10 日

# 让爱心滋润成长

暑假就要过去,新的学年即将开始。在座的各位新班主任,你们准备好了吗？下面,我提几条建议。

## 一、以第一次为切入点

第一次和学生见面。初次和学生见面很重要,因为这是你们留给学生的第一印象。很多老师喜欢用点名的形式了解学生,这对学生来说,太过俗套。可以换一种方式,比如说,用红色的粉笔在黑板上画一颗大心,然后,把自己的名字写在里面,再来一段自我介绍,介绍一下自己的性格、爱好和对班级的设想,拉近和学生的距离。鼓励学生把自己的名字也写在里面,并介绍一下自己。这样的开场白轻松活泼。红心暗喻着你和学生们心心相连,整个班集体就是一个整体,你们将同呼吸、共命运。你们最好在一周之内不看花名册就能准确地叫出每一个学生的名字,这是一个优秀班主任必备的素质。

第一次班会。学期初的第一次班会,一定要精心准备。你们亲自主持也好,学生主持也好,要有明确的主题。最好在这次班会上和学生民主商讨,确定班规班纪及今后要形成的班风。在这次班会上,你们最好拿出自己对班级的远景规划和近期目标,还要有具体措施,让学生切实感受到你们求真务实,而不是纸上谈兵、夸夸其谈,使学生深信你们是班级的精神领袖,而不是行政长官。

第一次学生家长座谈会。这是一次相当重要的会议,你们一定要和任课老师充分协商,尽自己所能做好全方位的准备。首先,要提前到教室,在门口迎接每位家长,一定不要出现家长等班主任的现象。其次,要讲清班级的管理方略和目标措施。通过这次家长会,让家长感觉到孩子在这样的班级里可以放心,有你们这样的班主任很幸运。做到这一点,你们已经成功了一半。因为在班级管理中,学生难免有一些情绪,回家和父母交流,因为家长信任你们,会主动有效地做孩子的思想工作,这样大问题会变成小问题,小问题会变成没问题;反之,家长对你们有看法,若不理智的话,可能会火上浇油,小问题也会变成大问题,对今后的班级管理工作非常不利。

## 二、以学生的闪光点为转化点

在一个班级里,学生不可能个个都是佼佼者,俗话说"十个指头不一样齐"。差异也是财富,是宝贵的教育资源。关键是我们以什么样的心态、从什么角度去看待差异。就像一段树根,在普通人的眼中,也许只是柴火,但在雕刻家的眼中其可能是艺术的胚胎。也许学生很调皮,也许学生很顽劣,也许学生迷恋网吧,但只要我们心存宽容,只要我们学会等待,只要我们选择恰当的教育方法和时机,就会"山重水复疑无路,柳暗花明又一村"。下面说一个我亲身经历的案例,或许会对你们有所启发。

1991 年 9 月,一名叫张洪(化名)的学生插到了我班。好心的同事悄悄劝我说:"这个学生千万不能要,上课坐不住,大毛病不犯,小毛病不断,经常不做作业,还爱骚扰班里的同学……"听后我也很犯难,但看着他妈妈泪水迷蒙的双眼,我的心又软了下来。他的父母倒非常配合学校的工作,隔三差五地到学校询问孩子的在校表现。望着学生父母焦虑的眼神,我耐心地说:"给我一段时间吧,让我观察一阵子,会有办法的。"其实我也很着急,曾找张洪谈过两次话,但效果不大。

时间就这样悄悄地过去了。一天,通过批改他的日记,我得知他制作了一艘航模,能在家中的浴盆中前行,我感觉这是一个很好的教育时机,决定去家访。家访中得知,张洪很喜欢小制作,但家长认为是"不务正业",常把他的制作给砸了。为此,他对家长的抵触情绪很大。在父母的眼里他实在难以成"龙"。后来,我和他的父母经过认真探讨取得以下共识:第一,每一个孩子都有自己的特长。要善于发现孩子的特长,保护孩子的特长,引导孩子的特长,因为孩子的特长可能孕育着他成功的未来。第二,当孩子的兴趣显现出来后,要尽可能地促进孩子的兴趣发展,家长的"兴趣屈就"对孩子的发展是一种无形支持。第三,当孩子的独立意志同父母的意志发生冲突时,父母要先尊重孩子的意见、尊重孩子的选择,但父母要充分表明态度,目的是让孩子慢慢学会为自己的选择负责。

我感到教育的时机已经成熟,便悄悄地做着准备:第二天上午,我告诉张洪下午上学时把船模悄悄放到我的办公室,不要让任何同学看见。中午,我到新华书店买了一本《牛顿的故事》,然后写了一封信,夹在了书中。下午,我把校园池塘的冰面砸开,露出一汪清水。

一切准备就绪!

课外活动时间,我把全班同学带到小池塘边,学生们你看看我,我看看你,不知我葫芦里卖的什么药。我从办公室里抱来那艘半米多长的泡沫轮船模型,放入水中,打开开关,螺旋桨开始转动,小船顶着风,向前徐徐驶去。学生们欢呼起来,七嘴八舌地称赞着船模,并纷纷猜测是谁的"杰作"。当得知出自张洪之手时,学生们沸腾了!

回到教室后,我趁热打铁,让每一个学生对张洪说一句话。"张洪,你真棒!""张洪,你真是心灵手巧!"……听着同学们热情洋溢、情真意切的话语,张洪不好意思地低下了头,满脸通红。接着我把《牛顿的故事》送给了张洪,并让他向全班同学朗读我写的信:"张洪同学,那天晚上在你家看了这个船模,我很震撼,没想到这么精致的制作竟出自一个小男孩之手。你有灵巧的小手,更有聪慧的大脑!你听说过爱迪生小时候孵鸡蛋的故事吗?其实,好奇是每个孩子的天性。你知道牛顿小时候做风车的故事吗?爱动手制作绝不是不务正业……你知道小时候顽皮的牛顿后来是如何成为全世界有名的科学家的吗?读完这本书,你可能就明白了……"

一种好习惯养成不易,同样,一种坏习惯的纠正也并非一蹴而就。后来,每当张洪的情绪有所波动时,我就让同学们范读自己的优秀日记,三篇中肯定有一篇是写"船模故事"的。每每此时,张洪便暗自握拳,以示自励。后来,张洪成了一位在各方面都很出色的学生。

这件事令我感受颇多:面对暂时落后的学生,面对学生一些出格的言行,老师不要急于判断和做结论,要耐心地观察、理智地思考,避免上纲上线。要善于和家长、学生沟通交流,共同探讨往往能找到解决问题的办法,从而避免"一叶障目,不见森林"。从学生角度讲,当一个人把自己当作无用之人(或其他),并且很坦然地接受无用之人这一概念的时候,他的行为就可想而知了。在我们的教育中,没有绝对的"废物",只有放错地方的"资源"。教室是有限的空间,爱心是无限的宇宙!

## 三、以偶发事件为教育点

2002 年的春天,我担任初二八班的班主任,男孩小 A 插班到我们班。男孩非常腼腆,说话声细若蚊蝇。我安排他和一个非常文静的女孩坐同桌。这天,有学生愤怒地向我反映:"老师,小 A 受气,你可得管一管!""受谁的气?怎样受气?""你看看小 A 的课本就知道了!"

中午放学后，我独自一人走进教室，来到小A的课桌前。从课桌洞中拿出小A的课本，我大吃一惊：有的课本被拦腰截断，有的已成为一团废纸，简直是惨不忍睹。我怒火中烧，是谁如此霸道呢？

下午，我悄悄叫来小A询问情况，小A仍憨憨地说："她是和我闹着玩的。"说话时，他悄悄地把双手背在身后。我拉过小A的双手，只见手背上有七八条刀子划过的伤痕，还有用钢笔尖扎过的痕迹。这哪是稚嫩的双手啊，简直是受虐待的见证！"手怎么会划成这样呢？"我焦急地询问。"上课时，我不听她的话，她就用小刀悄悄地划我的手。我不敢出声，害怕打断老师的讲课……"小A怯怯地说。我摩挲着小A的双手不知说什么好，愤怒、愧疚、自责让我茫然。

学生欺负学生的现象确实存在，若私下处理，这种现象不但不能消除，甚至有变本加厉的情况出现。若公开斥责，女孩很可能被孤立，成为众矢之的，成为第二个受害者。怎么办好呢？如何既让全班同学认识到这种问题的严重性，又让女孩自觉认识到错误，而且不对女孩的成长造成心理障碍，我陷入进退两难的境地。我多方求援，也查过经典的教育案例，总觉得是"刻舟求剑"，别人教的曲唱不得。经验固然重要，但偶发事件的产生不会以我们的经验为前提……

深思熟虑后我决定召开主题班会。课外活动时间，我怀着异样的心情走上了讲台，板书——"让爱的阳光洒在我们心上"。班会课上，我首先让小A上台，讲述进入初二八班的心路历程。没想到小A的胸怀竟如此豁达，说的都是班级同学对他的帮助。小A说完后，我平静地说："其实，我们班级还存在一些不尽如人意的地方，看到小A手上被同学划的道道伤痕，我很震惊。"学生们群情激愤，对这种现象进行了谴责，同时表达出对知错就改者宽容的愿望。在同学们言之以情、晓之以理的发言过后，小A的同桌泪流满面地站了起来，表达了自己的愧疚和自责，并请求小A及其他同学原谅。"其实最对不起小A的是我这个班主任，我没有让他在初二八班没有感受到爱的阳光。我对小A的情况了解不够，作为补偿，我把小A被毁坏的部分课本买了回来，请小A接受我真诚的歉意。"说完我把课本双手递到小A的手中。望着小A感激的双眸，我真想钻到地缝中去。接着，我让全班同学讨论我们班的班风，最后达成这样的共识："少一点妒忌，多一点宽容；少一点嘲笑，多一点关爱；少一点冷漠，多一点热情；少一点孤立，多一点支援。前面的路还很长，让我们携手同行，共同沐浴春天的阳光。"

第二天，小 A 的同桌悄悄把剩余的课本买来送给了小 A。之后，他俩一直相处不错，互帮互助，班里的同学也没有歧视女孩。应该说，这次偶发事件是一个很好的教育点，从此以后，班级形成了宽容、关爱、热情的班风。

## 四、以自我教育为落脚点

我担任初二八班的班主任时，我们这个年级一共有十个平行班。十班的班主任是刚毕业不久的毕疆波老师。清晨，每次走过十班教室的时候，十班的教室都是静悄悄的——学生人人有事干，井然有序。

我开始悄悄观察毕疆波老师。

毕老师是一个对学生要求严格的人，他将学生的早读、两操、路队、卫生管理工作进行了明确的分工，颇有魏书生老师倡导的"事事有人干，时时有事干"的神韵。毕老师每天都要进行检查督促，早来晚走，以身示范，对不达标的学生决不留情。我想，对学生如此严厉的教师，可能不受学生欢迎，但了解后发现，十班学生竟暗地里称毕老师为"严厉的帅哥"，就连毕老师满脸的青春痘也成了他们引以为豪的对象——"我们的老班特具有青春的气息！"

毕老师对教学也绝不含糊。有的学生英语成绩很差，他就手把手地教，真的是和这些学生"靠"上了，也不管学生是否乐学。一学期下来，十班的英语成绩飞速提高。

短短一学期，一个年轻的班主任为何能带出这样优秀的班集体？这引起了我的思考。

在经验满天飞的今天，盲目地效仿可能会导致"东施效颦"。适合学生的、适合自己的就是最好的经验。"纸上得来终觉浅，绝知此事要躬行"，不经过实践的历练，就没有真正的经验。在高扬人文教育大旗的今天，要警惕"好好老先生"的出现，一味地表扬"你真棒"、对学生的不良行为视而不见是放纵、是渎职。民主、宽容、仁爱、博大是教育的主旋律，严厉、严格的教师也是一道亮丽的风景！

最好的经验就是以身作则；最好的经验就是严格要求；最好的经验就是持之以恒；最好的经验就是兢兢业业。一句话，经验就是责任心。

（原文为 2005 年 8 月 16 日笔者在阳信县班主任专题培训班上的讲话文稿）

# 让孩子享受学习的快乐

尊敬的各位领导、各位来宾,亲爱的老师们、同学们:

大家上午好!

今天是"六一"儿童节,我代表学校向关心支持学校发展的各级领导表示衷心的感谢;向光临今天大会的各位来宾、各位家长表示热烈的欢迎;向辛勤耕耘、无私奉献的全体教职员工致以崇高的敬意;向热爱学校、勤奋好学的同学们表示节日的问候,祝同学们节日快乐!

几天来,我一直在思考:"六一"儿童节应送给同学们什么礼物?深思熟虑后我想带领老师团队打造这样的校园生活,不知同学们是否喜欢?

让同学们在游戏中成长。一、二年级的小朋友天真烂漫,充满着好奇,充满着幻想。在好奇心的推动下,人类仰观天象,俯察地理,思考宇宙,探索万物。如何呵护好这种好奇心呢?一、二年级的老师要有童言、童趣、童心,让游戏走进课堂,让学生走进童话,让学生在游戏中快乐自信地学习、在游戏中认识世界、在童话中享受童真。

让同学们在快乐中学习。三、四年级的孩子慢慢体会到了学习的辛苦,渐渐失去了学习的兴趣。尤其是三年级的老师们,一定要注意培养学生的学习兴趣,特别是读书的兴趣,帮助学生完成从学习阅读向在阅读中学习的转换。这就要求老师们真正走近学生、了解学生、关注学生,做到因材施教。

让同学们在体验中飞翔。说教很难改变一个人的情商。教育更重要的是发现学生、唤醒学生和帮助学生。针对五、六年级的学生,学校将开发系列体验课程,让学生在体验中感悟、在体验中唤醒、在体验中学习,享受成功的快乐。

在游戏中成长、在快乐中学习、在体验中飞翔是我心目中的美好校园生活,也是我的美好教育愿景。因为只有美好的教育,才能使我们有渊博的学识、通达的性情、宽广的胸怀和高贵的教养!

作为无棣县鲁北高新技术开发区实验学校的校长,我既感到使命光荣又感到责任重大。从同学们匆忙的脚步声中,我听出了什么叫勤奋;从老师们起早贪黑的身影中,我看到了什么是责任;从家长们殷切的目光中,我明白了什么叫信任;从团结和谐的校园中,我懂得了什么是奉献。

　　今天我们相约在这里,是为了庆祝"六一"儿童节,也是为了迎接我们的未来。让我们凝心聚力、锐意创新、坚定前行,用我们的勤奋、努力、担当、务实,不断描绘学校美好的明天。

　　最后,祝各位领导、各位来宾、家长们、老师们身体健康,工作顺利!祝同学们学习进步,健康成长!

　　谢谢大家!

　　(原文为 2015 年 6 月 1 日笔者在无棣县鲁北高新技术开发区实验学校庆祝"六一"儿童节活动中的讲话文稿)

# "六个一"工程,让快乐丰盈心田

　　尊敬的各位领导、各位来宾,亲爱的老师们、同学们:

　　大家上午好!

　　今天是"六一"儿童节,我代表学校向关心支持学校发展的各级领导表示衷心的感谢;向光临今天大会的各位来宾、各位家长表示热烈的欢迎;向同学们表示衷心的祝贺!

　　同学们,今天是个快乐的日子。什么叫快乐?收到贺卡、礼物是快乐,去游乐场玩是快乐,但还有一种快乐不在一时一事,在日久天长,能丰盈我们的心田,如我们学校推行的"六个一"工程。

　　每天写一页正楷字。静下心来写字是一件了不起的事情。有人说书法是"无声的音乐""纸上的舞蹈",的确,汉字是中华民族的根,传承着中华民族的文化基因。一个能静下心来写字的人,一定是个能自我管理的人。

　　每天写一篇日记。写作是一件快乐的事情。日记,随心而写,记录学习、生活中的点点滴滴,和心灵对话中留下岁月的影子,这就是成长。

　　每周背诵一首古诗词。古诗词是优秀传统文化的精髓,或豪放或婉约,或悲壮或壮烈,跳动着历史的脉搏。往往一个字就是一粒种子,落进心里,生根发芽。

　　每周唱一首优美的歌曲。好的歌词凝练、雅致,朗朗上口;美的旋律轻松、欢快,余音绕梁。这就是艺术的魅力!

　　每月读一本好书。爱读书是一种习惯,是一种境界。阅读经典能够陶冶我们的情操。

　　每月做一件有意义的事。做有意义的事,快乐自己,方便别人;成长自己,温暖别人。

同学们,今天是你们的节日,请记住一句话:善良是永恒的高贵!

家长朋友们,借此宝贵机会,我和大家说说心里话:在教育孩子这个问题上,大家都有自己的想法,望子成龙、望女成凤是我们的追求,但不要演变为逼子成龙、逼女成凤。游戏、玩耍是孩子的天性,尽可能让他们和同龄人在一起,共同成长。很多家长信奉一句话:不能让孩子输在起跑线上。但是早期教育不等于急功近利、拔苗助长。对于有特长的孩子,大人不能一意孤行,赶鸭子上架。我们的建议是:因势利导,兼顾特长,全面发展。智商和情商就像人的两条腿,一条腿粗壮有力,一条腿肌肉萎缩、发育不良,人是跑不快、跑不远的。家长朋友们,不能上了初中,才想起培养孩子的习惯;更不能上了大学,才跟孩子讲做人的道理。

2015年,学校先后获得无棣县教研工作先进单位、初中教学质量先进单位、滨州市小学教学工作先进单位等荣誉称号。2015年,学生活动成绩喜人:男子篮球队获全县冠军;获无棣县首届青少年科技运动会一等奖。2016年全县春季运动会,在没有场地训练的情况下,小学、中学部均获历届最好成绩。在第十三届"星星火炬"中国青少年艺术推选活动中,学校八年级学生吴振棣、冯元昊等表演的相声《我是劳动委员》获滨州市银奖,获得晋级省级比赛的资格。

老师们、同学们,今天我们相约在这里,我们努力,我们进步,我们强健!

最后,祝各位领导、各位来宾,家长们、老师们身体健康,工作顺利!祝愿同学们学习进步,健康成长!

谢谢大家!

（原文为2016年6月1日笔者在无棣县鲁北高新技术开发区实验学校庆祝"六一"儿童节活动中的讲话文稿）

# 学习的真谛

尊敬的各位领导、各位来宾,亲爱的老师们、同学们:

大家上午好!

今天是"六一"儿童节,我代表学校向关心支持学校发展的各级领导表示衷心的感谢;向各位来宾表示热烈的欢迎;向同学们表示衷心的祝贺!

"六一"儿童节是一个成长的节日,欢声笑语是你们成长拔节的声音。

成长就是学会学习的过程,成长就是明辨是非的过程,成长就是学会感恩的过程。

语文学习的根是什么?天天做重复的练习语文素养不会提高,日日做试卷语文素养也不会提高,语文学习的根是读书。徜徉在优秀书籍的海洋里,与先贤对话,与智者沟通,其乐融融!高品质的书对于我们来说既是"窗子"又是"镜子"。我们可以通过这扇"窗子"感知世界的美好,面对这面"镜子"审视心灵、美化心灵。我们在小学阶段不但要阅读文学书,更要多读科普书籍。

数学的精髓是什么?用最简单的方法解决最复杂的问题。也就是说数学思想方法是数学的本质所在,是数学的精髓。在课堂上,老师往往关注学生的知识叙述是否正确,其实,更应关注学生的数学语言是否精确、简约。

科学课的真谛是什么?小学科学课倡导做中学,注重实践——手是智慧的源泉!

思想品德课的核心是什么?是做!不知道去做了,做错了,情有可原;不知道去做了,做对了,是公民的修养;知道了,不去做,知行不一;知道了,还故意违反,就是品行出问题了。做比知道更重要!有的同学总是埋怨别的同学对自己不好,请相信一句话:做最好的自己才会遇到最好的别人!

同学们,经典给了我们一个从容广阔的精神世界,让我们的神思可以和先人交汇,得到思想上的顿悟。宁静给了我们翅膀,载着我们的思想、灵感、感悟、情思一起飞翔。在我们独处的时候,可以宁静地和自己的内心进行对话,避开世俗,抛弃羁绊,脱下伪装,在一缕书香中剖析自我、升华自我,这未尝不是一种成长!

宁静是一种守望。老师们,教育需要无私的胸怀,需要海纳百川的气魄,更需要宁静而淡定的心。只有如此,才能关照学生心灵的细微变化,聆听学生思维撞击的声响。我们只需要守住自己那颗宁静的心,就能遥望教育的幸福,请相信:"没有比人更高的山,没有比脚更长的路。"

最后,祝各位领导、各位来宾、家长们、老师们身体健康,工作顺利!祝愿同学们学习进步,健康成长!

谢谢大家!

（原文为 2017 年 6 月 1 日笔者在无棣县鲁北高新技术开发区实验学校庆祝"六一"儿童节活动中的讲话文稿）

# 培根固元，静待花开

尊敬的家长们：

你们好！

我来到无棣县鲁北高新技术开发区实验学校工作已经两个月了，这段时间我感到埕口镇的父老乡亲善良淳朴，对孩子的学习非常关心，保留着尊师重教的传统美德。这是孩子的福气，也是学校的福气。我代表学校向各位家长表示衷心的感谢。

眼下，大家都在为生计或工作忙碌，很多人丢下锄头到工厂工作，没有时间照顾孩子。可能你们感觉让孩子在学校吃住是最省心的事，不用接送，不用做饭，还不用和孩子唠叨；学校有校车、有餐厅、有班主任，主要问题都解决了，多省心啊！总有一天，大家会意外地发现：没有晾着儿女衣服的院落有点空荡；少了一副碗筷的饭桌有点寂寞；不再摆设玩具的茶几有点冷清……这才意识到孩子的长大其实是父母的落寞。那时多么希望时光可以过得慢些，可以不像现在这样匆匆忙忙，能够慢下来，听孩子说一说有趣的事情、道一道单纯的想法。说真的，在孩子成长过程中，没有任何人能成为父母的替代者。

孩子最需要什么？是父母的陪伴。或许他挑食让你费心，但一家人的饭桌是最香的地方；或许他调皮让你操心，但父母的念叨是最亲的疼爱；或许你很忙碌，但按时接送孩子，是最幸福的事情。孩子大了，这些事情想做都没有机会了。孩子在小时候没有感受到父母的关爱，长大后会导致情感的冷漠。孩子是父母一生中最美的礼物，也是父母最持久的陪伴者。

其实，学校教育不是万能的。社会上有很多人片面地夸大了学校的教育功能，以为学校教育可以包办一切。这样的想法、做法只会害了孩子，毁了学校。我这样说不是要推脱学校的责任，而是要回归教育的本来面貌。我们仔细想一想：孩子的成长和哪些因素关系密切？很显然与家庭、学校、社会关系密切。那么，这三者之间是什么关系？搞不清这三者之间的关系，就会出现该管的不管、不该管的管多了的情况。多管、乱管是乱作为，乱作为的危害比不作为还大。因为乱作为会打乱孩子成长的自然规律，毁了孩子的童年。教育孩子就像种树，泥土以下的归家庭教育管，泥土以上的归学校教育和社会教育管。这样，我们就会理清家庭、学校、社会三者间的关系：家庭教育的主要任务是"培根",学校教育的主要任务是"开花结果",社会教育的主要任务是"气候调节"。

根深才能叶茂,根深才能苗壮,苗壮才能果硕。那家庭教育应怎样"培根"？我想需做好以下事情。

第一,培养孩子最基本的行为习惯。

（1）说话有礼貌,对长辈用尊称。

（2）说了就要做,对朋友要真诚。

（3）不给别人添麻烦,对别人的请求给予力所能及的帮助,及时感谢别人的帮助。

（4）不做破坏别人劳动成果的事。

（5）学会合作。

（6）按规则行动。

（7）节约不浪费。

（8）做人讲道理,做事有计划。

（9）不向困难低头。

（10）犯错必改。

（11）干干净净迎接每一天。

第二,打造书香家庭。尤其是小学一、二年级的家长,一定要重视孩子读书习惯的培养。一个孩子养成了爱读书的习惯会受益终生。培养孩子读书兴趣的最好方法就是你拿起书做孩子的榜样。

第三,培养孩子的主见。大家是否注意到这种现象:有些大学生毕业后不知道自己想干什么,不知道生活的乐趣所在,面对生活、工作茫然不知所措。该有主见的时候却没有了主见。为什么会这样？因为从小父母老师包办得太多了,孩子不需要思考,不用思考,天长日久也就不会思考,失去了自我规划的能力,这实在是当今教育的悲哀。

有关教育孩子的话题,并不是那么复杂。只要你是一位有心人就能做得很好,和有没有文化没有太大的关系。有句名言愿和大家分享:"教育有三个秘诀:一是最好少一只手;二是学会闭着嘴说话;三是三分教,七分等。"

尊敬的家长们,把"根"培育好了,不"开花结果"是学校的失职。让学生"开花结果"是学校义不容辞的责任,作为校长,我会为大家提供最优质的服务。

祝孩子们健康成长！

（原文为 2015 年 4 月 25 日笔者在无棣县鲁北高新技术开发区实验学校
小学家长会上的讲话文稿）

# 做一个有修养的中学生

亲爱的同学们：

欢迎初一的同学们步入中学的大门，开始新的学习生活。今天我想和大家谈谈学校的教育目标。我们学校的教育目标是做有修养的人——做有修养的校长、做有修养的教师、做有修养的家长、做有修养的学生。那么如何做有修养的学生呢？

## 一、珍爱生命

生命是父母给予我们的唯一，我们没有权利挥霍、虚度甚至糟蹋。珍爱生命首先要养成健康的生活方式，比如，坚持体育锻炼。生命在于运动，运动会让我们体格强壮。再比如，中学生的睡眠要确保每天不少于 8 小时。所以，住宿的同学们一定要保证睡眠时间。健康的身体是第一位的。希望同学们课余时间走出教室，多运动，保持健康。

## 二、守时守信

答应了别人的事一定努力去做，无论遇到什么样的困难。古人讲"一诺千金"，又说"君子一言，驷马难追"，可见诚信的重要性。

有这样一个故事。1797 年 7 月 15 日，一个年仅五岁的孩子不幸坠崖身亡。孩子的父母悲痛欲绝，便在自己的土地上给孩子修建了一座坟墓。

后因家道衰落，这位父亲不得不转让这片土地，他对新主人提出了一个特殊要求：把孩子坟墓作为土地的一部分永远保留。

新主人同意了这个条件，并把它写进了契约。百年过后，这片土地辗转卖了多次，但孩子的坟墓仍然留在那里。

这个故事揭示了一个简单的道理：承诺了，就一定要做到。

## 三、谈吐有节

修养，是一个人的精神面貌，直观地反映在言谈举止上。

奥黛丽·赫本是英国电影演员和舞台剧演员，获得过多次奥斯卡最佳女主角提名。1999 年,她被美国电影学会评为"百年来最伟大的女演员"第三位。

奥黛丽·赫本用一生诠释了"修养"这个词,她在遗言里写道:"若要优美的嘴唇,就要讲亲切的话;若要可爱的眼睛,就要看到别人的好处;若要苗条的身材,就要把你的食物分享给饥饿的人;若要美丽的秀发,在于每天有孩子的手指穿过它;若要优雅的姿态,走路时要记住行人不只你一个。人之所以为人,是必须充满精力的,自我悔改,自我反省,自我成长;并非向人抱怨;当你需要帮助的时候,你可以求助于自己的双手;在年老之后,你会发现自己的双手能解决很多难题,一只手用来帮助自己,另一只用来帮助别人。"这就是对修养最好的解读。

## 四、大度宽容

大度宽容的人,一定心态平和,沉稳优雅:遇事不乱,泰然处之;遇烦不怨,理性温和;遇难不退,执着追求。

## 五、勇于担当

卡耐基说:"有两种人绝对不会成功:一种是除非别人要他做,否则绝不会主动负责的人;另一种则是别人即使让他做,他也做不好的人。而那些不需要别人催促,就会主动负责做事的人,如果不半途而废,他们将会成功。"

人可以不伟大,也可以清贫,但不能没有担当。任何时候,我们都不能放弃肩上的责任,扛着它,就是扛着生命的信念。责任让人坚强,责任让人勇敢,责任也让人知道关怀和理解。因为当我们对别人负有责任的时候,别人也在为我们承担责任。责任是相互的,不能坐享其成。

(原文为 2016 年 9 月 6 日笔者在无棣县鲁北高新技术开发区实验学校中学生大会上的讲话文稿)

# 做有世界眼光的现代人

各位家长、老师、同学:

大家上午好!

欢迎各位家长的到来,感谢大家对无棣县第一初级中学的支持。学校占地面积 107 亩,建筑面积 35 000 平方米。现有 31 个教学班,在校学生 1 661

人，在编在岗教师 138 人，其中高级教师 24 人，一级教师 65 人。家长同志们，今天是我们的第一次相聚，学校刚成立，大家肯定很关心这是一所什么样的学校？

首先，这是让学生守规则的地方。为什么说是规则而不是纪律？在公共空间规则是重要的，每个人都要守规则。比如，我们学校放学为什么不站路队？不站路队 7 分钟就可以疏散，站路队的话至少需要 12 分钟。如何解决拥堵的问题？学生、家长共同遵守学校的制度和交通规则就能解决。孩子最好的榜样，在家是父母，在学校是老师。父母是养育者，养而不育失天职；老师是教书育人者，教而不育失良知！

其次，这是让学生懂得承担责任的地方。学校是谁的？是校长的、老师的、学生的，还是社会的？学校首先是学生的。每个学生都觉得学校的一草一木、一砖一瓦、一屋一舍都是自己的，那么，学校的一切设施、一切空间都将拥有生命的活力，充满生命的气息。今后，图书室、实验室、室内操场等所有功能用房全天候向学生开放。爱护它们、保护它们是学生的责任。

再次，这是让学生明确成长方向的地方。无棣县第一初级中学的育人目标是做有世界眼光的现代人。世界眼光指的是有创新能力、跨界能力、演讲能力、合作能力和正确的价值观。但我们也秉承民族文化的精髓，民族之魂不能丢！在此，我郑重承诺：无棣县第一初级中学全体教职工众志成城，一切为了学生，为了学生的一切，将无愧于无棣县第一初级中学的称号！

（原文为 2018 年 9 月 7 日笔者在无棣县第一初级中学开学典礼上的讲话文稿）

# 学校的意蕴

亲爱的同学们：

这是学校开学后的第二次升旗仪式。先做一下自我介绍：我叫王永田，永远的永，田地的田。这个名字是我上小学一年级的时候爷爷给起的学名。我当时年龄小不明白是什么意思，后来明白了爷爷的深意：民以食为天，农民的孩子一定要勤劳，种好自己的田地才能丰衣足食。农民是最勤劳、善良、朴实的群体，爷爷想让我坚守农民的本色，不要忘记自己的本分。1983 年，我考上了惠民师范学校，当时村里的人都说："这孩子再也不用种地了，有'铁饭碗'了。"我也曾暗自高兴，但是参加工作 30 多年来，我深深地体会到：我还是在种田，不是农田，而是一片教育的田地，责任更大了。为什么？对农民来说，人懒荒地一季；对老师来讲，人懒耽误学生一生。同事孟伟健老师说过一句话："有的老师一辈子没有学生，有的老师拥有一辈子的学生。"我想就是这个道理。天地之间有杆秤，人间自有公道。每位学生的心中也有一杆秤，能称出老师的分量、学校的分量。

现在，我终于悟到了我的名字的真谛：无论干什么，都要干好，做最好的自己，这是一份责任的坚守，既要仰望星空，又要脚踏大地。爷爷的话很朴素，却蕴含着哲理，我用了近33年才想明白。

那么，学校的意蕴是什么？

自由散漫、蛮横无理是学校中的行为吗？追逐打闹、窜上爬下是学校中的行为吗？奇装异服、追求享乐是学校中的行为吗？随地吐痰、乱扔垃圾是学校中的行为吗？语言粗俗、拉帮结伙是学校中的行为吗？餐厅内叽叽喳喳、浪费粮食是学校中的行为吗？公寓内大声喧哗、不按时作息是学校中的行为吗？零食随便买，不去餐厅吃饭是学校中的行为吗？这些绝不是文明学校中的行为！

学校是宁静的家园。我们都有体会，喧嚣嘈杂的菜市场，使人烦躁不安；静谧肃穆的图书馆，让人身心沉静。学校需要宁静安详：上下楼梯轻声慢步，课间休息安静有序。只有静下心来才会真正地思考，只有静下心来才会进入学习状态。

学校是温馨的怀抱。学校是一位慈祥的母亲，她张开双臂拥我们入怀，她爱我们每一个人。当我们有一点进步的时候，她都看在眼里，会用轻柔的手抚摸着我们，让我们感受激动与喜悦。当我们犯错、落后的时候，她会投来既责备又宽容的目光。

学校是距离思考最近的地方。这个时代，似乎已经无须思考，"有事问百度"，我们已经习惯了寸步不离电脑，习惯了与手机耳鬓厮磨。网络覆盖世界，信息湮灭一切，人们似乎已经无暇思考。其实，人生之路走得越远越需要思考，社会环境越复杂越需要思考，世界变化越大越需要思考。霍金的身体被"禁锢"在轮椅中，可他的思想却能在广袤的时空自由翱翔。他的深刻，源于思考！纵观历史，横观东西，中国古代思想家老子、孔子、孟子、庄子等，西方哲学家苏格拉底、柏拉图、亚里士多德、培根等，他们的伟大，都源于思考！有人说："把文凭装进口袋的是菜鸟，把知识装进脑袋的是信鸽，而能把思考融进血液的才是雄鹰！"在我心中，你们都是能搏击长空的雄鹰！

学校是精神的摇篮。陶行知说,高尚的生活精神不用钱买,不靠钱振作,也不能以没有钱推诿。用钱买来的东西,没有钱自然买不来;用钱都买不来的东西,没有钱也可以得到的。高尚的精神如同山间明月、江上清风,是取之不尽、用之无穷的。没有钱是一事,没有精神又是一事。精神是不靠钱买的,精神靠文化滋养,没有精神的地方,是文明的监狱。

学校是榜样的引领。有人说:"预测一个少年的未来,有一个非常简单的方法,就是看他最喜欢的人是谁。"所以英国学者菲尔丁说:"典范比教育更快,更能强烈地铭刻在人们心里。"以榜样为范,从我做起,从点滴做起,从今天做起,我们就会有精神的收获。

愿我们的校园书声琅琅、歌声朗朗、笑声朗朗,成为大家的精神家园。让我们携手同心共同缔造属于我们学校的神话!

（原文为 2016 年 9 月 16 日笔者在无棣县第一初级中学升旗仪式上的讲话文稿）

# 优秀是一种习惯

同学们:

今天借这个难得的机会,我想和你们说说心里话。我是一名老师,也是一位父亲,还是一个六个月大婴儿的爷爷。人们总说有代沟,其实我认为代沟是隔代人在情感交流时出现的心理距离。只要大人放下身段,站在对方的立场上考虑就不会有代沟。道理或者说真理并不会因代沟的存在而改变。反感父母的关心,抵触老师严格的要求,往往会和真理擦肩而过。人要懂道理,更要讲道理。

首先和大家说说读书的问题。

对于农村孩子来说,不努力读书,不通过升学这个途径走出去,也许以后的生活不会轻松。好好读书,也许它不能保证你站上巅峰,但能护住你不跌入谷底。对很多人而言,高校不是学历的名片,而是发展自我、厚重自我、超越自我的摇篮。

前段时间,在清华大学毕业典礼上,来自甘肃国家级贫困县的女孩张薇代表 2019 届本科生发言。出身贫寒的张薇,高考前几乎没有走出县城,她对世界的认识完全来自书本。考上清华大学以后,她怀揣着村里集资的 5000 元现金,第一次坐长途火车,第一次去北京,第一次走进大学。本科四年里,她省吃俭用,一边勤工俭学,一边学习专业知识。

凌晨五点,她起床背单词,晚上六点,她去餐厅打工。寒来暑往,四年如一。就是这样一个女孩,用四年的时间洗去身上自卑的标签。在演讲里,她用坚定的语气告诉所有人:"清华培养我们成为肩负使命、追求卓越的人,父母希望我饮水思源,朋友希望我做自己真正想做的事。所以,我决定推迟研究生入学一年,加入清华大学研究生支教团,用一年的时间,做一件一辈子难忘的事。"

这就是读书以后的底气,命运掌握在自己手中。读书不能改变一切,但对于我们大多数普通人来说,学识,仍是我们人生逆袭的捷径。

一位作家写给儿子这样一段话:"孩子,我要求你读书用功,不是因为我要你跟别人比成绩。而是因为,我希望你将来会拥有选择的权利,选择有意义、有时间的工作,而不是被迫谋生。当你的工作在你心中有意义,你就有成就感。当你的工作给你时间,不剥夺你的生活,你就有尊严。成就感和尊严,给你快乐。"说到底,大学能带给我们的就是尊严感和选择的权利。高校不是天堂,却是机会的储藏器。不进去,怕是连改变命运的入场券都拿不到。说一千道一万,读书是这个世界上最公平的事情之一,不管你出身如何、长相如何,付出了总会收到回报。

再和大家说说优秀的问题。什么是优秀的学生?就是优于过去的自己。如何做到这一点?

首先,要严格自律。我们学校的走廊里写有这样一句名言:"人生最遗憾的,莫过于放弃了不该放弃的,固执地坚持了不该坚持的。"不知道同学们是否思考过这句话的含义。有些事情是应该做而自己不愿或不想做的,这些事情必须靠意志强迫自己做好。例如,按时完成作业,按时作息,坚持跑操,书写规范等。举一个生活中的例子:在公寓住宿的同学,要讲究个人卫生,按时洗脚。这件事情很小却影响很大。有的同学没有洗脚的习惯,臭气熏天,让一个宿舍的人都难以忍受。有的同学晚上 10 点后还不停说话,自己不休息,还影响了其他同学。这些都是缺乏自律的表现。有些事情是不能做、不应该做而自己想做的,这些事情坚决不能做。譬如,沉迷于手机、无节制地玩耍等。自律就是自我管理,一个有自我管理意识和能力的人,自然不待扬鞭自奋蹄,也就跑到了前面成为一个优秀的人。越优秀的人自律意识就越强,也就越优秀。

其次,要有毅力。"坚持是这个时代的奢侈品,更是必需品。"网络时代,一切都便捷化、快速化,好像所有答案上网一搜就能得到。我们拥有的聪明大脑,是大自然对人类的恩赐。大脑是用来思考的,是用来学习的,是用来创造的,不是用来偷懒、投机取巧的。网络会带给我们一些碎片化的知识,有些还是虚假的,需要我们去观察、去辨别。坚持用眼观察,坚持动口表达,坚持动脑思考,坚持动手实践,永远是学生学习最好的方式。任何偷懒,任何懈怠,任何理由的不刻苦努力,都会让你变得平庸,失去曾经努力的自己!实现中华民族伟大复兴,要求每一个中华儿女不忘初心,脚踏实地,坚持不懈地做好分内的事情。坚持是这个时代的必需品!

(原文为 2019 年 10 月 21 日笔者在无棣县第一初级中学学生表彰大会上的讲话文稿)

# 时光不语,静待花开

各位家长、老师、同学:

大家下午好!

今天在此举行隆重的表彰大会,机会难得,我想和同学们说说心里话。

我一直在思考一个问题:中学生的初心是什么?你们思考过这个问题吗?我认为中学生的初心应包括以下几点。

第一,孝敬之心。20 世纪 70 年代,农村人的饭桌大多在炕上,尤其是在冬天。父母坐在里面,儿女们围坐在炕沿上。父母喝完粥汤,孩子就给父母再盛一碗。那时农村的孩子都是这样,谁家孩子吃饭不给父母盛饭、端碗,是会被大人和小伙伴儿们笑话的——不知道孝敬老人!弹指一挥间,随着独生子女的出现,生活水平的提高,这一切都变了。我家离学校较远,初中三年我只好寄宿在学校附近的亲戚家里,一周回家一次。回家先向父母汇报学习成绩,父亲每次都笑着说:"好好念书,家里的农活不用你干!"父亲是一名高中生,算是村里的高学历了,虽日夜操劳,但还入不敷出,到了季节交替的时候还要借粮度日,生活过得比较艰难。为了让父母省心,更为了让父母开心,我唯有努力学习,做好弟弟妹妹的榜样。度过那段艰难的时光后,我们兄妹三人都考入了中专、大学。现在想来兄妹三人好好念书就是对父母最大的孝敬。

第二,自律之心。俗话说,"没有规矩,不成方圆",这里的"规矩"就是纪律。有了纪律,生活会变得井然有序,工作会变得有条不紊,学习也会变得水到渠成。

从人的本性上来说,没有人喜欢被纪律约束,人们更多的是对自由的渴望,对无拘无束生活的向往。然而,现实社会中无数事例证明没有纪律约束的自由不是真正的自由,而是放纵。

不管在哪个国家的哪所学校,制度的管理、纪律的约束都是为了使校园变得文明安全,让每个人获得真正平等的自由。如果我们每个人都能克制自己的言行,时时事事自觉,那纪律有和没有是一样的,这就是纪律的终极目标——自律,即自我规范、自我约束。

初中二年级时,我在笔记本的扉页上写了一句话:"静坐常思自己过,闲谈莫论人是非",直至现在我也一直秉承这种做法。可能有人说这是明哲保身的做法,我却视为自律的信条。50岁以后我才明白"做最好的自己才会遇到最好的别人!"

第三,责任之心。初中生的使命是什么?当然是学习。一个人在不同的人生阶段任务自然不同,学生阶段最大的任务就是学习,这毋庸置疑。"无知,让人看不清自己,也看不清世界。"之前,"北大毕业生卖猪肉"的新闻不知道被人说了多少次,很多人觉得,"北大毕业又怎么样,还不是去卖猪肉?我小学毕业,也一样卖"。这句话不知道误导了多少家长,也不知坑了多少孩子,成为不好好学习的冠冕堂皇之词。同学们是否知道?那个卖猪肉的北大学生叫陆步轩,一个叫陈生的人最先发现了他的厉害之处:"一个档口,自己一天卖一两头猪,这已经算相当了不起了;而这陆步轩居然一天能卖12头猪,太厉害了。"陈生后来和陆步轩合作成立"屠夫学校",再后来,他们开了几百家连锁店,创造了巨大的个人财富和社会财富。事实会迟到,但从来不会缺席。没有对比就没有伤害。

最后,和家长们说几句心里话。教育现代化的真谛是什么?一些人说是硬件现代化,因为经济基础决定上层建筑。真的如此吗?未必!很多人在尝试,富足了,给孩子一个美好的未来。理想很丰满,现实很骨感。前期一篇网络文章《没有非挣不可的钱,只有眨眼长大的孩子》很值得思考:留守儿童缺的不是物质,而是父母的关照。父母的陪伴绝不能缺失,爷爷奶奶、姥爷姥姥都不能替代。从教30多年来,我深深地体会到:智育不好出次品,体育不好出废品,德育不好出危险品!

教育现代化的真谛是什么?是精神的回归,不忘初心。初心是真诚,不虚伪;是担当,不推诿;是服务,不指令;是执着,不迷茫! 仰望星空,又脚踏实地,我们才会一步一个脚印地走下去。

(原文为 2019 年 11 月 14 日笔者在无棣县第一初级中学师生表彰大会上<br>的讲话文稿)

# 三个"学会"

尊敬老师们,亲爱的同学们:

这是开学后第一次举行升旗仪式,借此我和同学们交流的主题是三个"学会"——学会自理、学会规划、学会拼搏。

初一的同学们要学会自理。初一的孩子们,欢迎你们来到无棣县第一初级中学就读,对你们的到来全体师生表示热烈的欢迎!

在第一次升旗仪式上,我为什么和你们交流"学会自理"的话题?因为开学一周来,很多同学的爸爸妈妈多次来学校送东西、看望孩子,可怜天下父母心。看到这种情况,我很理解,但也有些忧虑。为什么?因为多年前的一篇文章一直压在我的心头——《夏令营中的较量》:1992 年 8 月,77 名日本孩子来到了内蒙古,与 30 名中国孩子一起参加了为期三天的草原探险夏令营。虽然中国的孩子也非常努力,但由于教育的不同导致两国孩子的行为差异显著:中国孩子病了回大本营睡觉,日本孩子病了硬挺着坚持参加;日本的爷爷乘车走了,只把鼓励留给发高烧的孙子,中国妈妈来了,在艰难路段把儿子拉上车。一次夏令营活动暴露出的问题,不得不令人反思我们的培养目标与培养方式的问题:第一,要把孩子培养成什么样的人?第二,怎样培养孩子?教育是爱的事业,爱能造就未来,但溺爱会葬送未来。

学会自理包括两个方面:生活自理和学习自理。根据我们学校的实际情况,我觉得生活自理需要做到以下几点:第一,整理宿舍的能力。物品摆放有序,宿舍内干干净净,保持空气清新。"不谋一域者,不足以谋全局;一屋不扫,何以扫天下?"意思是不将自己的事情做好,就无法将天下的事情处理好。第二,合理进食的能力。不挑食、不偏食。在学校住宿的同学,一定要吃饱吃好,不能总是吃零食,尤其是垃圾食品。第三,合理安排作息的能力。俄国文学家托尔斯泰有句名言叫"生命在于运动"。这句话的意思是保持健康的身体,离不开运动。但还有一种观点说"生命在于静止",强调了休息的重要性。

睡眠是最好的休息方式,按时作息非常重要!在学校住宿的同学,你们很勇敢,小小年纪就离开父母过起了集体住宿的生活,这是一种考验,也是一种能力。你们正在长身体的年龄,一定要按时作息,保证充足的睡眠时间。学习自理主要包括以下几个方面:按时到校,主动上交作业;预习复习;及时改错;学会倾听;独立完成作业;自主阅读。初一的同学们,如果你们拥有了自理能力,就打下了良好行为习惯的基础。播下一种习惯,收获一种性格;播下一种性格,收获一种命运。

初二的同学们要学会规划。有人说"初一不分上下、初二两极分化、初三天上地下",这句话充分体现了初二的重要性。初二是一个产生剧烈变化的时期,是一个爬坡的时期,也是一个分水岭。为什么初二的变化如此之大?第一,同学们的独立性增强了,总想摆脱对老师和家长的依赖,总认为自己不是孩子了,有事不愿意和父母及老师交流。第二,好奇心强了,任何事都想试一试。心理上的表现是容易兴奋和冲动,神经敏感,容易产生逆反心理。逆反心理表现在学习上的一种常见表现是:因为一些偶然因素对某一学科老师有成见,进而不喜欢这一老师,所以就不学这门学科了,从而导致了偏科现象。偏科会严重影响你未来的学习历程,会贻误终生。另外,初二是初中知识总量最大的一年,从中考内容来看,多数考试的重点、难点和热点都在本学年当中出现,几乎超过一半的考点都在初二学习。初二应如何规划?我提几点建议,供同学们参考:第一,学好物理。初二开始学习物理,所有的同学都处在同一起跑线上,千万不要掉队!第二,一定要重视地理、生物的学习,明年就要参加会考。第三,要制订适合自己的学习计划表,有明确的目标和持之以恒的行动。

初三的同学们要学会拼搏。坚决杜绝"三闲"现象:闲聊、闲玩、闲逛。因为闲来闲去失前程。没有克服不了的困难,没有过不去的坎!有一种顽强不屈叫小草,有一种孤芳自赏叫梅花,有一种傲然挺立叫白杨,有一种奋斗叫初三!

（原文为 2020 年 9 月 7 日笔者在无棣县第一初级中学升旗仪式上的讲话文稿）

# 第五辑

## 博采众长的学习

# 沐浴人文的阳光

## ——参加第三期中小学骨干教师国家级培训总结汇报

实施中小学骨干教师国家级培训是教育部贯彻落实《中共中央 国务院关于深化教育改革全面推进素质教育的决定》和国务院批转教育部《面向21世纪教育振兴行动计划》实施"跨世纪园丁工程"提高中小学教师素质的一项重要举措。2001年10月8日至12月30日，我在广西师范大学参加了第三期中小学骨干教师国家级思想品德培训班的学习。回顾三个月的集中培训，苦中有乐、苦中有进、苦中有得。广西师范大学以人为本的良好学习氛围，使学员们受益匪浅。

## 一、精心设计培训方案，建构优质高效的平台

培训内容涵盖六大部分：师德教育、现代教育教学理论、现代教育教学技能、学科认知发展、教育教学实践研究、科研课题研究。课程要达到的外显性目标为"五个一"，即在三个月的集中培训期间完成一次演讲、一堂课例展示、一个课件制作和参加一次学术论坛、一次学术论文交流活动。这种结构合理、时序清晰、富有特色、切实可行的课程计划，融合了学术性和前沿性，激发了学员的热情，挖掘了学员的潜能，升华了学员的经验，体现了以人为本的培训理念。

## 二、聆听专家讲座，感悟美好人生

集中培训虽已结束五个月，培训老师的课堂教学情景仍时时浮现在眼前，精辟的论述至今仍常常回荡在耳边：陈时见老师的一句"老师，我心灵的故乡"，让我们感到师恩难忘；孙杰远老师用生动、幽默的语言诠释了"教育统计学"的真谛；王楠老师的"课堂教学艺术"跌宕起伏，令人回味无穷；高金玲老师的"现代学校管理艺术"展现了全新的管理理念；何绍红老师的"学生品德心理"告诉我们情感是生命精彩的动力……

本次培训，广西师范大学充分利用学校的教师资源，同时邀请了北京师范

大学肖川教授、华东师范大学郑金洲教授、华南师范大学冯增俊教授、西南师范大学张诗亚教授、华南师范大学扈中平教授等给学员讲学。他们的讲学不但体现最新教育理念、突出前沿信息，还贴近中小学教育教学改革实际，使学员的教育教学观念发生了很大的改变，更重要的是学员从专家身上学到了做学问和做人的道理：国家昌盛，系于教育；教育昌盛，系于我身。不以文章小而不规范；不以孩童小而不教之；不以世事累而弃研修；不以家事烦而怠育人！

### 三、学术讨论，激发思维碰撞的火花

培训期间，广西师范大学举行了形式多样的学术交流活动，国培学员与培训老师各抒己见，那激烈的思维碰撞、坦诚而不失幽默的讨论，让培训老师竖起大拇指，说："国培班真不愧是卧虎藏龙之地呀！"

我们培训班的40名学员来自19个省、市、自治区，在教学上每人都有自己的"绝活"，天南海北，风格各异，这本身就是一笔宝贵的财富。课余时间，我们充分利用这一资源，交流管理的经验，探讨教改的动态，反思教学的时弊。在这浓浓的学术氛围中没有狭隘、猜疑和世故，只有豁达、宽容和真诚。我们在交流中共同收获，在探讨中共同提高，在反思中共同进取。

### 四、拥挤的资料室，最美的书房

为了满足学员课外阅读和查阅资料的需要，广西师范大学专门建立了"骨干教师国家级培训资料室"，放置了从北京、上海等地购买的价值5万元的相关学科书籍。晚自习时间，这里是最拥挤的地方，学员为了能坐着看书，不得不提前半小时在门外等候。我们如饥似渴地吸收着知识，两个小时一晃而过，唯有感叹资料室开放的时间太短。在这里，我被"走向生命巅峰"的马斯洛、剖析"人性迷失与复归"的罗杰斯深深吸引，较为全面地了解了人本主义心理学的产生、发展和走向。"课程流派研究"系列丛书使我从无到有初步建立起自己的课程观：课程不只是"文本课程"（教学计划、教学大纲、教科书等文件），更是"体验课程"（被教师与学生实实在在体验到、感受到、领悟到、思考到的课程）；教师和学生不是外在于课程，而是课程的有机构成部分，是课程的创造者和主体，他们共同参与课程的开发。教学不只是课程传递和执行的过程，而是课程创造生成与开发的过程；教学过程是课程内容持续性生成与转化、课程意义不断建构与提升的过程；教学与课程相互转化、相互促进，彼此有机融为一体。在这种背景下，教学改革才能真正进入教育的内核，成为课程

改革与发展的力量,成为教师与学生追求主体性、获得解放与自由的过程。这正是新一轮课程改革所呼唤的教学改革!这是从课程层面带给教学的一种"解放",这种"解放"将使教学过程真正成为师生富有个性化的创造过程。

随着视野的开阔、触角的延伸,思考问题不断深入,原有的教学观念和新的理念不断发生冲突,有时困惑,有时惊喜,思维的火花常常在断裂处迸发。拥挤的资料室成了我难以割舍的地方,那是最美的书房!

## 五、广深珠考察,寻求理论与实践的支点

专家讲的理论再好,无法运用于实践,也是"白讲"。如何将这些教育教学理念运用到教学实践中去?带着这一思考,2001 年 12 月 10 日我们踏上了广州、深圳、珠海考察之路,寻求理论与实践的结合点。

我们先后考察了广州天河区体育东路小学、深圳市海湾小学等学校,特别是深圳市海湾小学让我们耳目一新,一节《交通安全记心中》很好地体现了新课程标准的理念。课堂上没有说教,只有体验和感悟,在关注生活中渗透思想品德教育,体现出道德教育向生活世界的回归,使学生的生活世界和科学世界达到和谐统一。

在考察中我不断思考,我们原来的课堂缺少什么?后来,我渐渐明白我们的课堂需要民主的召唤、思维的启迪、情感的交流、心灵的对话。因为民主是学生内心深处的呼唤;思维是学生智慧点燃的火焰;交流是学生情感慰藉的港湾;对话是师生互动的驿站。

## 六、谆谆的教导,殷切的期盼

12 月 30 日我从桂林返回无棣,开始了国培第二阶段的学习——分散研修。不久后,我接到了课题研究导师——广西师范大学熊宜芹教授的一封来信,她在信中写道:"在桂林学习深造三个月的时间里,你给我留下了很好的印象:好学勤思,朴实真诚,实在地道的山东汉子!难能可贵的是在学习中,你不断地思考着实践中的困惑和问题,努力探寻解决实际问题的途径和方法,不像某些人只不过是来桂林玩玩或'镀镀金'罢了。常言道'皇天不负有心人',你是一个学习的有心人,将来一定会有很大的发展,一定会成就一番有声有色、精彩十分的教育事业,拥有一个辉煌灿烂的职业生涯和前途!当老师的人最感自豪和欣慰的就是看到自己的学生有出息、有成就,你的成绩和成功令我的职业幸福感倍增……还有半年时间,我们将再次相逢于桂林,那一次时间虽

短，却是收获的时刻，相信你一定能顺利通过论文答辩，结束一次难忘的学习过程，开始另一段新的历程。我等待着相逢时刻的到来！"面对老师的谆谆教导和殷切期盼，我唯有带着信念去追求，带着希望去寻找，带着爱心去探索，带着自信去上路。前方的路，光明而宽阔。

# 润物细无声

2011 年 4 月 13 日，我在济南参加了山东省中小学生学习心理辅导专题研讨会，听了两场专题报告：山东师范大学心理学院徐夫真老师的"学习心理分析与辅导策略"和山东青年政治学院孔屏老师的"考试心理咨询案例剖析"，观摩了四节心理健康教育课。其中青岛市市南区教育研究指导中心松梅老师执教的《考试，我的朋友》（小学五年级）给与会者留下了深刻的印象。整堂课，学生动静相宜，氛围温馨，节奏舒缓，恰似一条静静流淌的小溪。没有说教与灌输，只有真诚的体验，像溪水一样清澈；沟通冥想，让思绪在轻柔的音乐中飞扬，像溪水一样灵动。

## 一、"我手绘我心"

"提起考试，你的第一感觉是什么？可能每个人的感觉不一样。如果我们把这种感觉画出来，它可以是一个符号，也可以是一种事物，你感觉是什么就是什么。现在请同学们用彩笔在纸上把你刚才的感觉画出来。"通过学生自由绘画，可以观察作画者最主要的情结、被压抑最深的情绪、最迫切需要解决的问题等。"我手绘我心"实际上是学生"心理画像"的展示，有经验的老师会通过此活动获取丰富的心理教育信息。

## 二、"雕塑排列"

这一教学环节是让学生接纳考试，把考试当成朋友相处，帮助学生体验对待考试的不同态度，产生不同的心理感受。这一环节分以下三步完成动作。

第一步，示范四个动作。

① 考试，我讨厌你。② 考试，我不怕你。③ 考试，我不想见到你。④（微笑）考试，我愿意和你在一起。老师扮演"考试"，学生依次表演四个动作。

第二步，学生分组练习。

每位同学依次扮演"考试",其他同学依次演示四个动作。

第三步,小组交流。

学生交流在扮演过程中最强烈的感受。

这一教学环节使全体学生都获得了真实的体验,而经验恰恰是知识与能力的中介。知识是可以讲授的,能力却不是"讲"出来的。活动往往是经验的载体,人的思维逻辑的形成和发展,与人的活动紧密相关。"教育者或教师企图不通过儿童自己的活动去掌握知识、培养品德,却将知识、品德要求'加到'儿童身上。任何这样的企图只会破坏儿童健康的智力发展和精神发展的基础,破坏培养他的个性品质的基础。"因此,教育必须通过学生的主体活动来促进学生的发展。没有学生的主体活动,不精心设计和科学组织各种教育活动,教育在人发展中的主导作用就只能是一个美好的愿望。

## 三、冥想

在舒缓的音乐声中,松梅老师引导学生开始了这节课的想象之旅:"现在请大家选择一个觉得舒服的姿势,闭上眼睛,深深地吸一口气,慢慢地吐出来。想象自己来到一片绿油油的草地上,温暖的阳光照在身上,感觉很舒服、很安全。想象考试带着微笑来到你身边,仔细看一下,他是什么样子的?他拉起你的手,你们一起向前走。当成绩不理想的时候,他会对你说:'没关系,我只是给你一个小小提示,让你能够知道哪里还需要继续努力,你依然是个好孩子!'当成绩很好的时候,他会说:'你真棒!继续努力啊……我会一直在你身边,陪伴你,帮助你更优秀!'同学们,此时此刻,对这个帮助你的朋友,你们会说些什么,会做些什么?"

这一教学环节设计的巧妙之处在于:学生在宁静中聆听心灵的低语,那是真诚的召唤。让课堂静下来,让学生静下来,只有在安静的氛围中,才会有灵感闪现。

## 四、修改绘画

"现在再来看看上课前你们画的画,还有那种感受吗?阳光给我们温暖,雨露滋润万物,老师和你们一样都在人生的这个大课堂中不断地学习,考试就是我的一位忠实朋友。现在把你们最想对考试说的话写在这张画中你认为合适的位置上。"

松梅老师是智慧的,她让学生在悄无声息中完成了自我的醒悟,达到了从考试焦虑中"脱敏"的目的。我想这就是润物细无声式的教育。

松梅老师自始至终和风细雨、循循善诱，学习内容贴近学生实际，以生定教；教学过程的安排，包括绘画展示心理、雕塑排列活动获得体验、冥想聆听心灵的低语、展示绘画进行心理的修正，环环相扣，使学生的认知呈螺旋式上升，达到了聚焦、挖掘、提炼、内化的效果，可谓丰富；教学活动能够引起学生思维的警觉、惊异感和想象力，带给学生认知的冲突和理智的挑战，可谓深刻。

# 高度，广度，精度

## ——宁波跟岗培训心得

2018 年 10 月 8—13 日，我参加了滨州市"新形势下中小学学校变革"跟岗培训学习，到宁波海曙外国语学校、宁波外国语学校进行了参观学习。

## 一、高度

宁波外国语学校创办于 1991 年，2015 年 9 月与北京外国语大学建立合作办学关系，挂牌"北京外国语大学附属宁波外国语学校"。学校的办学目标是把学生培养成为外语见长、全面发展、个性鲜明、具有本土情怀和国际素养的国际化人才。

宁波外国语学校的墙壁上写着学校的育人目标："中国心、世界眼、民族魂、国际范"。我驻足良久，思绪万千，有一种到家的感觉：我们学校——无棣县第一初级中学，2018 年 9 月正式成立，校训是"做有中国魂、世界眼光的现代人"，这和宁波外国语学校的育人目标是一致的。宁波外国语学校的周长安校长做了题为"建设美丽校园，为美丽人生奠基"的专题报告：质量是一所学校生存的前提，品质是一所学校的生命。

周校长在报告之余，播放了学生活动的相关视频。宁波外国语学校学生版的《南山南》让我感到震撼。

你在浩汇的晨雾里 守望黎明
我在濯缨的涟漪里 采撷花影

如果落叶成蝶晚风旋

请聆听泛黄的思恋

水墨流年
邂逅过往相迎

望晴空 烟霞染
朝朝又暮暮

轩窗边 暗香浮
月华映秋水

钱湖畔 几多梦
寻寻又觅觅

蒹葭外 凫雁归
一袭青山远

　　歌词隽永，旋律优美，浸透着江南的才气与灵动！这使我想到了艺术教育。艺术教育滋养了学生的灵性，灵性是创新的源泉。创新思维的核心就是学生的跨界思维能力，没有艺术教育的灵性想"漂移性思维"难上加难。这使我更加明确了学校的课程理念：生命教育课程——让生命健美起来；德育课程——让生命高尚起来；智育课程——让生命睿智起来；美育课程——让生命灵动起来；卓越教育课程——让生命丰满起来。

## 二、广度

　　为全面贯彻党的教育方针，落实立德树人根本任务，更好地帮助每一位学生实现全面而有个性的发展，在认真总结各地义务教育课程改革经验的基础上，浙江省根据《教育部关于全面深化课程改革　落实立德树人根本任务的意见》，就深化全省义务教育课程改革提出指导意见。

　　指导思想：遵循教育规律和学生成长规律，面向全体学生，改革育人模式，推进因材施教，保护和培养每一个学生的学习兴趣，充分调动每一个学生的学习积极性，开发和培育每一个学生的学习潜能和特长，让每一个学生愉快学习、幸福成长。

总体目标：在体现义务教育基础性、全面性和公平性的基础上，强化选择性教育思想，进一步完善课程体系，加强课程建设，创新教育方法，改进教育评价，积极推进差异化、个性化教育，促进学生全面而有个性的发展。

该指导意见的核心之处是"义务教育课程分为基础性课程和拓展性课程"。基础性课程是面向全体学生的基础教育，是学校教学质量的保证；拓展性课程是面向个体学生个性发展、全面发展的渠道。两个课程体系平行发展，就是用两条腿走路。基础性课程是教学质量的保障，拓展性课程体现的是学校的办学品质。

## 三、精度

在宁波海曙外国语学校学习期间，薛瑞芬校长给人的感觉是朴实无华，凡事接地气但精益求精。她的精细化管理让人印象深刻。宁波海曙外国语学校最大的特色是"微共体"文化。"微共体"是"微型学习共同体"的简称，是指为数不多的学生、教师或家长在一定组建原则的指导下，自主或经引导选择合作伙伴而组成的相互协作、荣辱与共的紧密型团队。它是一个互帮互学的学习共同体，成员之间有学习关系；是一个团结协作的工作共同体，成员之间有工作关系；长期学在一起、坐在一起，是一个亲密友爱的情感共同体，最终通过"微共体"培育起学校的合作文化。"微共体"与"合作小组"有一定的区别：从特点上看，"微共体"是紧密型学习、工作、情感共同体，而合作小组是松散型学习小组；从形式上看，"微共体"是生生、师生、师师、亲子、家校"微共体"，而合作小组是小组形式；从学习方式上看，"微共体"强调协同学习，是一种整体式学习，而合作小组强调合作学习，是一种碎片化学习；从学习流程上看，"微共体"是独学—组学—群学，完成倾听、对话和挑战性学习任务，而合作小组是分解总任务—小组认领并完成子任务—小组汇报分享、讨论、碰撞等。

"微共体"培育校园合作文化的探索，主要从班级、教师、家校三方面展开；班级合作文化培育包括班级管理和学科教学；教师合作文化培育包括工会活动、教学研讨活动、科研师训活动、教学评价活动等；家校合作文化培育也有亲子微共体、家长讲师团、家长义工团、教育议事会等多种形式。从德育到教学，从教研到工会，"微共体"渗透在学校的方方面面，学校各项工作都围绕"微共体"来实施。"微共体"就是统领学校整体工作的纲，抓住"微共体"就抓起了学校的整体工作。

# 越秀山下觅知己

## ——广州跟岗学习体会

2018 年 10 月 14 日,滨州市"三名"培养工程五组的全体成员来到广州市第十七中学跟岗学习。广州市第十七中学位于广州市越秀区小北路 280 号,处于风景秀美的白云山山麓,地理位置得天独厚。甘溪古流从学校的正门蜿蜒流过,越秀公园东门与学校也只有百步之遥。学校始建于 1929 年,前身是大中、嘉应两所私立学校,1953 年改制后正式命名为广州市第十七中学,到现在已有约 90 年的办学历史。学校占地面积约 23000 平方米,有初、高中共计 36 个教学班,教职工 139 人。广州市第十七中学是广东省高中教学水平优秀学校、广州市义务教育规范化学校、全国航空特色学校。

## 一、宾至如归的感觉

霏霏细雨中,我们开启了广州市第十七中学跟岗学习之旅。上午的见面会上,刘红校长介绍了广州市第十七中学的历史及发展历程,同时对我们的学习和生活进行了周密安排。从他的讲话中我们了解到广州市第十七中学为政界、科学界、商界、医学界、教育界等培养出了大量优秀人才,是一个英才辈出、群星闪耀的地方。会后,刘校长带我们参观校园,介绍学校的历史文化、办学特色、课程建设等,热情周到的服务,使我们感到家的温暖。

## 二、君子坦荡荡的底气

2018 年 10 月 18 日上午,刘校长和我们举行了校长交流会。刘校长坦诚地摆出了学校管理学生面临的三大问题:学生心理健康问题、通信工具管理问题、学生体质下降问题。

座谈中,刘校长说他的座右铭是"让学生在爱与感动中成长"。对此我深有感触:在网络化的今天,学生信息的获取快捷化、多元化、碎片化,如何做好学生的德育工作,是摆在所有校长面前的一道难题。德育要"生活化"。中小学德育应该把社会道德的基本要求,结合学生的身心发展特点,通过通俗易懂的方式,让学生形成道德习惯,提高是非判断能力。经常组织学生参加社会实践活动,可以强化这些优秀的道德品质的渗透,使学生在活动中充分感受"与人玫瑰,手留余香"的精神境界;创设形式多样的教育平台,让学生在"感动"中成长。德育要"协同化"。完整意义上的德育体系,应该由家庭、学校和社会三部分组成,但目前基本仅依靠学校的孤军奋战,甚至出现了家庭教育与学校教育相背离的情况。三者只有进行密切的"协同"配合,才能提供有效的德育平台。

### 三、允执厥中的大气

广州市第十七中学虽然占地面积不大,但学校的办学理念有高度,处处透着大气。广州市第十七中学的门厅两边立有"先立其大""允执厥中"两块牌子,这是广州市第十七中学的校训。先立其大,"先立乎其大者,则小者弗能夺也",大的先建立起来,那么小的就不能够夺去了。允执厥中,意指言行不偏不倚,符合中正之道。广州市第十七中学坚持内涵式发展道路:以"实"立其大,创新"四化"连贯式德育;以"精"立其大,建设"大中文化"特色课程;以"效"立其大,推进"四要素"评课法;以"爱"立其大,塑造"三爱"教师团队;以"联"立其大,打造航空科技体育特色;以"和"立其大,实施"三维"人本管理;以"责"立其大,落实对口结对帮扶。

一周的时间徜徉在三所百年名校,我被学校的文化底蕴深深折服。我们常说,十年树木,百年树人。树木,需要有肥沃的土地;树人,需要有底蕴深厚的学校文化。名校之"名",绝不是来自一夜成名,而是来自优秀文化的沉淀与积聚。校训、校歌、校徽应该是学校文化的具象体现;教风、学风是学校文化的精神内核;名师是学校文化的践行先锋;办学特色是学校文化的口碑品牌。

# 教育,一种叙述

## ——东北师范大学集中培训学习体会

2017年12月3日至9日,我参加了滨州市第二期"三名"工程培训学习,聆听了郭立国等教授的报告,并赴东北师范大学附属小学和吉林大学附属力旺实验学校考察了学校文化、课程建设、教师发展、课堂教学等,受益匪浅。

## 一、教育,一种叙述

2017 年 12 月 4 日下午,学员们聆听了曹华教授的报告"4.0 时代学校文化建设的工具与解决方案"。曹教授重点讲了学校文化的两个方面:精神文化、物质文化,引发了我对自己所在学校文化的思考。

### (一)学校的魂是什么

我们学校的办学理念是做有修养的人,包括四个方面:做有修养的校长、做有修养的教师、做有修养的家长、做有修养的学生。校训是修身养德、蕴智育情。学校的文化基因总体可概括为:静下心来读书,沉下心来做事。

### (二)学校的体是什么

学校的体就是学校的课程体系,包括五个维度:生命课程——让生命健美起来;德育课程——让生命高尚起来;智育课程——让生命睿智起来;美育课程——让生命灵动起来;卓越课程——让生命丰满起来。

### (三)如何促进师生健康成长

我们常说教育要以人为本,那究竟什么是以人为本?其实,就是要目中有人——教师和学生。如何促进师生健康成长?归根到底,需要建立现代化的学校制度。这方面学校有大量的工作要做,建立科学化、人性化的管理制度,形成长效机制。学校管理的总体思路应是依法治校、科研兴校、心理疏学。

## 二、学校,不能承受生命之重

赵刚教授的报告"家校共育,现代教育管理的制度选择"促人思考,也让人心情沉重。教育不是万能的,学校是有边界的。如果我们的教育大包大揽,就会出现"必须做"和"不应做却做了"的事情都没有做好的后果。对于教育来说,做我应该做的、我能做的事情,并且一定要做好;那些不该我做的、我也做不好的事情,就不要做。

## 三、"互联网 + 教育"带来的思考

郭立国教授的报告"学校信息化工作的探索与实践"给我们有益的启示:首先,在学校的信息化工程建设上,校长必须有顶层设计的理念。校外网→校内网→用户端,让信息快速高效,是硬件建设过程中校长必须考虑的问题。其

次,信息技术与教学融合。信息技术可以促进教师教育思想的转型、教学方法和手段的革新。新的教育理念在信息化技术的支撑下,能解决人人学、时时学、处处学的问题,提高了效率,解决学生会学、乐学、善学的问题。

教学观念与教育思想应该是一脉相承的,有什么样的教育思想,就一定会有与之相适应的教学观念,反之亦然。若坚持"以教师为中心"的教育思想,那就一定强调"传递—接受式"教学方法;坚持"以学生为中心"的教育思想,就必定是强调"自主—探究式"教学方法。混合式教育兼取上述两者之长,但并非两者的简单叠加。2012年3月我国出台的《教育信息化十年发展规划》提出要实现信息技术与教育教学的深度融合。

# 第六辑

## 放眼未来的引领

# 解读梁邹小学的校园文化内涵

## ——梁邹学习心得

2008 年 10 月 16 日,学校 22 位老师和无棣县第二实验学校的两位老师一同踏上了邹平学习之路。17 日上午,我们共同参观了邹平市梁邹小学,受到了很大的触动,被梁邹小学的校园文化陶醉。

## 一、有选择才有个性

梁邹小学的活动课形式多样,每位老师都是活动课教师(依据自己的特长),每个学生都有自己能参与的活动。而真正触动我的不是活动形式的多样性,而是形式折射出的教育理念:面对多彩的活动课,学生可以根据自己的爱好自主选择。自主意味着什么?学生自己决定自己的事情,不受他人或者其他力量的控制和支配。在自我决定的过程中,学生学会了用自己的眼睛去辨别,用自己的大脑去思考,意味着对自己的选择负责,这也是自我管理的内涵。

## 二、有习惯才有能力

梁邹小学学生的习惯特别好,举几个小例子:学习用具摆放有序,坐姿端正,这是良好的生活习惯;会思考,会提问,会听课,这是良好的学习习惯。养成习惯贵在躬行实践,"习惯成自然"就是能力。

## 三、有情趣才有修养

从活动课的内容来看,梁邹小学的学生有着广泛的兴趣爱好。一个孩子有了高雅的趣味,就会自然地脱离低级趣味,会被吸引到健康的活动中去。一个人如果每天观赏同一幅好画,阅读同一部佳作,聆听同一支妙曲,就会变成一个有修养的人吗?显然不行。只有天长日久不同维度、不同层次的熏陶,学生才会成为一个有品位、有修养的人。

## 四、有氛围才有生长

梁邹小学令我印象最深的是学生的率真、纯洁、灵气。悠扬的歌声、开心的笑声、琅琅的读书声,营造了浓厚的校园文化氛围。在这样的文化氛围中,学生会健康成长。

# 教育需要思想的救赎

我们外出学习时会参观很多所学校,那印象最深的是哪所学校?大家都有自己的答案且有不同的理由:或校园的美丽让人难忘;或学生的活动富有特色;或老师的素质令人敬佩。这很正常,因为每个人的阅历不同,欣赏的角度不同。

我到过的中小学也很多,若问哪所学校给我留下的印象最深,一时还真没有确切的答案,总感觉很多学校似曾相识,却又渐行渐远。似乎是身在围城看围城:每个学校都不同,但每个学校好像又一样。

倒是有一所大学让我心驰神往,那就是北京大学,尤其是蔡元培提出的"兼容并包、思想自由"的办学方针。学校的办学方针折射出的是学校的精神,学校的精神就是学校的灵魂,彰显于校训、校徽、标语口号中,但更多的是潜伏、弥漫、浸染于校园之中。置身于一所有特色的优秀学校中,总能感到一种奔涌着的、富有生命力的东西不断撞击着我们的心灵,使你感动、兴奋、激越、升腾。这种能唤起、激发崇高情感和进取心的东西就是学校精神。

## 一、学校的精神是什么

学校的精神应该是什么? 可用四个词语来概括:自由、民主、平等和博爱。

(1)自由。自由不是行为上的天马行空,俗话说"没有规矩不能成方圆",教育工作者应该思考的是:应给学生制定多大的框(规矩),这些框是否人性化? 是否钳制了学生思想的自由。"小框"出小人,"大框"出大人,狭小的框框培养不出合格的公民。学校要给学生足够的思想自由的空间,让他们能够用自己的眼睛去观察,用自己的头脑去判别,用自己的语言去表达。一个人的智慧和能力可以困于斗室,也可弥漫于空气之中。所以,从某种程度上说,教育不是设框框,而是解除禁锢思想的枷锁。

(2)民主。民主意识的有无是衡量一个团队素质的重要标志之一。试想:一个人才济济、性格迥异的团队,如果缺乏民主意识会出现怎样的结果?公说公有理婆说婆有理。其实,民主就是一种生活方式,其主要特征在于尊重个人尊严、容忍差异、重视权利平等。任何集体都不可能永远思想统一、意见一致，当意见分歧、步调不一时，该怎么办？应像小学数学中的求最大公约数一样，尝试求取团队成员能普遍接受的最大价值观，这个最大价值观就是班级或学校的规章制度。这个最大价值观具有很大的约束力，一旦形成，所有成员都要遵守。制度不是制约人的，而是更好地为人服务的。任何制度不会百分之百被赞同，但一旦通过就必须百分之百地执行。所以，制度产生的过程是否民主、规范、科学才是关键。责任性、规范性、科学性就是民主性。

如果我们缺乏民主的意识，没有养成民主的性格，说明我们的心智还不成熟，思维不够严密，思想还没达到一流学校的高度。高度决定远见，没有高度，就会鼠目寸光，急功近利，得一地而失全城。有的人得到了一时，但失去了未来；有的人得到了一寸，但失去了一丈。每个人都有自己走的路，有的人让学生怀念一生，有的人却让学生诟病一世。

那么，学校的民主体现在哪里？一句话，体现在平等上。平等是面对所有人的平等，而不是面对少数人的平等。

简言之，平等是人和人之间的一种关系，是人对人的一种态度，它包括以下四个方面。

第一，学校领导班子成员和老师平等。班子成员和老师只是分工不同，为老师和学生服务应该成为学校领导班子成员的工作宗旨。领导班子成员应该成为学校制度的先行者和示范者。

第二，师生平等。每个学生都是世界上唯一的存在，或许他生性鲁钝，或许他先天残疾，但都不妨碍他生命的唯一性。在人格上，老师和学生是平等的。可惜很多老师认识不到这一点，对学生横眉立目、大呼小叫，甚至极尽挖苦讽刺之能事，这样的老师还没有做好当老师的心理准备。因为禁锢意味着反抗，绝对的禁锢意味着绝对的反抗。学生不是囚徒，也不是罪犯，更不是待宰的羔羊，而是有着独立人格的大写的人！学校应该成为老师和学生的精神家园。

第三，老师和家长平等。我们有的老师为了点鸡毛蒜皮的小事就找家长到学校，理由是没有办法，忘记了有的家长路途迢迢。这说明我们智慧的枯竭、能力的无奈、方向的迷失。再想想我们和家长沟通的方式，是平等交流还是居高临下？居高临下说明我们还没有把握好自己的角色定位。有的老师可能说家长不支持工作，但说句心里话，有的工作到底应该是家长做还是应该老师做？恐怕有时想分都分不清。要想赢得家长的支持，必须首先赢得学生的尊重。我们有时往往舍近求远，本末倒置。凡事都需家长支持的老师，不是一个合格的老师;凡事都怨学生的老师,不是一个称职的老师;整天怨声载道的老师,不是一个光明磊落的老师。

第四,生生平等。有的学生干净漂亮,有的学生蓬头垢面,但他们都是我们的学生;有的学生聪明伶俐,有的学生木讷迟钝,他们也都是我们的学生;有的学生是平民布衣之子,有的学生是权贵富商之女,他们也都是我们的学生。如果厚此薄彼,说明我们没有摆脱世俗的眼光,我们的管理就会出问题,我们的教育就会出问题。现阶段我们要做的是:没有理想的学生,但有理想的教育。每个孩子都有自己的成长方式和成人方式,差异性就是独特性。独特也是一份资源,正如我们经常说的"万紫千红春满园"。

博爱:人们经常说遇到一名优秀的老师,不但是孩子的福气,也是家长的福气。"爱自己的孩子是人,爱别人的孩子是神",这句话耐人寻味。这句话真正将教师职业的内涵具体化了——疼爱自己的孩子仅仅是一种建立在血缘关系上的动物本能,对学生之爱却出自教师的职责,这是一种只讲付出不计回报、严慈相济的无私之爱,这种爱是神圣的。这种爱是教育学生的感情基础,学生一旦体会到这种感情,就会"亲其师,信其道",这就是人民教师所具有的情怀。博爱在我们的校园里随处可见:清晨,幼儿园的小朋友哭闹不止,妈妈束手无策,老师蹲下身来温柔劝勉,小朋友破涕为笑;低年级的班主任在门口接送学生,严冬酷暑,一如既往;有的班主任任课才两三天,孩子就动情地说:"老师这么好,再违反纪律就对不起老师啦!"广场文化演出全体教职工恪尽职守,兢兢业业;一位老师生病,其他老师主动照管学生……这些都是博爱的具体表现。

学生自由的思想如何孕育?民主的意识如何培养?平等的理念如何呈现?博爱的胸怀如何传承?这些都离不开学校的根本——课堂教学。

## 二、课堂追求什么

课堂传递知识,启迪思维,孕育智慧。三年来,我们且行且思,有迷茫,也有彷徨。新课程标准的执行到底是什么样的状况?可以这样打比方:很多老师在新课程标准的执行上是"跳高",而不是"跳远"。跳高只有一个维度——高度,原地起跳,基本是原地落下。十年来通过各种不同形式的培训,老师的理念达到了一定的高度,至少在老师的说课或论文中新课标的关键词频频出现,但说和做毕竟不是一回事。由于评价机制的束缚,有的老师说一套,做一套,是典型的穿新鞋走老路,这就是"跳高",有高度无远度,说起来头头是道,做起来缩手缩脑。常言说:"实践是检验真理的唯一标准。"没有行动的检验,一切经验都是教条主义。但客观环境的制约还不能让我们放开手脚去做,也就是不能让我们去"跳远"。跳远有两个维度:高度和远度,因为没有理想的高度,即使爆发力再好,也达不到理想的远度。理论必须和实践相结合就是这个道理。诚如在学走路时如果我们一味地考虑是迈左脚还是迈右脚,可能只会摔跟斗,反而学不会走路。反思三年艰辛的历程,我们可以提取出三条课堂教学的基本理念。

第一,培养学生的合作精神。现在的学生独生子女居多,普遍缺乏合作意识,因此合作学习日渐重要。学生合作精神的培养应该是我们课堂教学关注的重点,至于合作的形式、方法和评价是我们探究的方向,虽然有经验可以借鉴,但不能完全移植,因为没有放之四海而皆准的经验,自己的路必须自己走,拐杖是暂时的,但必须是要抛弃的。

第二,培养学生的思维能力。我们的课堂教学目标是传授知识还是培养思维?知识是思维的载体,在传授知识的同时,要注重思维即分析性思维、创造性思维、实用性思维的培养。我们在关注分析性思维培养的同时,更要重视创造性思维和实用性思维的培养。

第三,培养学生自主学习的能力。我们可以做出这样一个假设:所有任课老师都不布置学习任务,学生会怎样?结果大家心里都清楚。再想想许多学有所成者的经历,他们具有的重要能力之一就是自主学习的能力。什么是自主学习?我国学者庞国伟认为,自主学习包括四个方面,即能学、想学、会学、坚持学。

能学:具备相应的心理基础。

想学:有学习的动机,这是自主学习的重要前提。

会学:有适合自己的学习策略与方法。

坚持学:要有恒心、意志力、执着精神。

能学是基础,想学是前提,会学是保障,坚持学是支撑。

## 三、培养什么样的学生

应培养什么样的学生,这是学校必须回答的问题。根据学校实际,我们的目标是培养健康、富有个性的学生。健康包括身体健康和心理健康;有个性是指有自己的思想、有独立的见解、勇于承担,敢于创新。

我们以往强调习惯的养成比较多,当然习惯很重要,其实,学生性格的培养更重要,心理学研究认为,性格是人最重要、最显著的心理特征。性格是十分复杂的心理现象,是个性的重要方面,它是对客观现实稳固的态度和习惯化的行为方式。"江山易改,本性难移",性格一旦形成就不会轻易改变,但也不是绝对不能改变。爱因斯坦说:"优秀的性格和钢铁的意志,比智慧和博学更重要,智力的成熟,很大程度上是依靠性格的,这点往往超出人们通常的认识。"性格影响个性的其他部分,一个人有什么样的性格,就有什么样的行为方式。

## 四、教师如何成长

首先,厚重自己的人格。读过鲁迅先生《藤野先生》的人应该记得,藤野先生以纯真的品质、博大的胸怀给身处异国他乡的鲁迅以极大的温暖,使得鲁迅在回国 20 多年以后还深深地怀念着他。鲁迅在晚年时,每天写作极度疲倦时会抬头看看藤野先生的照片,以激励自己。藤野先生成了鲁迅鞭策自己奋斗的力量源泉,这正是教师人格的特殊魅力。正是这种人格魅力在用人格塑造人格,用心灵感染心灵,用智慧激活智慧;正是这种人格在用伟大的师爱培育迟开的花朵;正是这种人格用尊重托起生命的厚重;正是这种人格,感动着我们,激励着我们。

其次,拓展自己的学识。教师是一份耐得住寂寞的职业,要静下心来教书,要沉下心来学习。要培养爱读书的学生,一定要有爱读书的老师。学生的灵感来自老师的启迪,如果没有深厚的文化底蕴,我们的思想就会枯竭,语言就会苍白,教学方式就会周而复始,老师充其量就是教材和学生之间的"搬运工"。

再次,提高教学技能。因为教学技能水平影响教书育人的高度。

学校的精神决定着学校发展的高度,课堂教学是学校发展中最为重要的环节,教师是学校中最具生长力的因素,学生的健康成材则是学校发展的终极目标。只要我们以精神为引领、以课堂为依托、以教师成长为纽带、以学生发展为宗旨,就会点燃学生心中的梦想,就会在迈向理想学校的征程中走出更加坚定的步伐。

# 让勤勉点燃青春之火

## ——写给青年教师

老师们：

今天我们谈谈青年教师的成长问题。先说说学校的环境,三面荒无人烟,文化生活贫乏,给人以荒凉的感觉。在这样的环境中,人们会感到寂寞难熬。但这对年轻人来说未必是件坏事,下面我讲一下田景超老师的成长故事。

田老师1995年毕业于滨州师专,在无棣县第二实验小学任体育课教师。无棣县第二实验小学当时的条件根本比不上学校现在的条件。那年冬天,田老师着手组建学校的篮球队,但学校的最高年级是四年级,且只有一个班,所以选才的局限性很大。没有篮球场地,整个冬天,田老师就带领学生在高低不平的校园小道上练习运球。开始,篮球到处跑,学生到处追。第二年的春季,学校建了第一个也是唯一的一个篮球场,田老师才开始带领学生练习三步上篮。在随后的几年中,田老师带领的小学女篮都是县里的冠军。这个案例说明什么？态度决定一切,办法总比困难多。青年教师的成长不可能一帆风顺,要找准自己的突破口,兢兢业业,就会学有所长,教有所长。

一个人只要勤勉执着,一定会出类拔萃。比如,无棣县第一实验学校的刘杰老师一直坚持说普通话,这对于一个年轻的乡村老师来说需要巨大的勇气。一开始还有人风言风语,但刘老师几年下来照说不误,早已成为习惯。刘老师谦虚好学,热爱学生,现在她是"新教育在线""李镇西之家"的版主,经常工作到深夜。广泛的交流,拓宽了视野,增长了见识,她已成长为一名优秀的青年教师。愿学校的青年教师与执着同行,即使有一天我们老去,但回顾往事,会看到我们闪光的足迹。

对大家教学的期望是什么？我想是六个字:能说——老师应该成为演说家,演讲是老师最重要的基本功。好的演讲是艺术,令人如沐春风,胜过空洞的说教。青年教师要锤炼自己的语言,让自己的语言具有穿透力和感染力,要有做专题报告的准备。能讲——上一堂受学生欢迎的好课;能写——用自己的语言表述思想。有人抱怨自己不会写,其实思想人人都有,只不过你没有找到属于自己的表达方式。一旦你找到属于自己的表达方式,你的文思会如泉涌,取之不尽。相信那句名言——天生我才必有用!

一个团队是否优秀关键看拥有什么样的团队精神。我们这个团队的精神是工作严谨、管理民主、思想自由。团队精神的滋养要靠团队文化,而文化是一种积淀,需要一个长期的过程。我们应做到以下几点。

### 1. 学会学习

学生的成长是一个学习的过程,老师的专业成长同样如此。掌握了一定知识就想一劳永逸不符合知识经济时代对老师的要求。因为学习,你的工作会更出色,你的生活也变得多姿多彩,你就会享受生活、工作的幸福,在成就学生的同时也成就了自己。

### 2. 学会宽容

宽容是一种胸怀,是一种风度,是一种美德,更是一种智慧。如果我们凡事认为自己是正确的,别人是错误的,那我们还没有学会宽容;如果我们在教学过程中,把成绩视为教学的唯一,拒绝新的教育理念,靠挤占学生的自主时间来赢得高分,我们仍然没有学会宽容。

俗话说,"十个指头不一样齐",差异就是财富,就是宝贵的教育资源。关键是我们要用什么样的心态、从什么角度去看待学生。

### 3. 学会欣赏

欣赏周围的人,也许他不完美,但他一定有值得我们学习之处。欣赏学生,就是真正地热爱学生。一个没有爱心的老师,可以成为教书匠,但不会成为教育家。

### 4. 学会心静

年轻人最忌心浮气躁,要耐得住寂寞。静下心来备好每一节课,静下心来批阅每一本作业,静下心来与每个孩子对话,静下心来研究学问,静下心来读几本书,静下心来总结规律,静下心来反思自己的言行和方式,以便更好地超越自我。

老师们,年轻就是资本,就是最大的优势。盼望三年以后,你们能成为学校的栋梁!

# 走在新学校行动研究的路上

无棣县第三实验学校是无棣县第一所寄宿制公办九年一贯制县属学校。有教职工 91 人，30（含 30）周岁以下教师 46 人，平均年龄 31.3 岁。有教学班 24 个，其中小学有教学班 11 个，中学有教学班 13 个，学生共计 1200 人。自新学校行动研究第四次（潍坊）实验工作会议之后，学校进一步厘清办学思路，努力探讨一条适合自己走的路子。

## 一、明确方向，同舟共济

2007 年 9 月学校创建之初，就确定了校训为"弘德、立志、求实、创新"。新学校行动研究第四次（潍坊）实验工作会议之后，学校组织全校教职工解读校训，讨论的主题是"把我们的学生培养成什么样的人"。经讨论，形成以下共识：健全的人格、良好的习惯、实践操作能力、健全的体魄、个性发展。然后全体教职工对这几个关键词条进行了排序。结果显示，健全的人格排在了第一位，也就是育人德为先。健康的体魄摆在了第二位，老师们认识到了身体的重要性，要想让学生拥有健康的身体，就必须增效减负，保证学生的体育活动时间、睡眠时间。高质量的学习应该以良好的习惯和正确的方法为基础，因此良好的习惯排在了第三位。在新课程理念的学习中，教师们认识到了实践操作能力的重要性，在全面发展的同时要重视学生的个性发展。这也符合新时期党的教育方针："坚持教育为社会主义现代化建设服务，为人民服务，与生产劳动与和社会实践相结合，培养德智体美全面发展的社会主义建设者和接班人。"

学校把这一结果在校园网上进行公示，全体教职工进一步讨论，最后达成一致意见：学校的办学目标决定办学的方法，方向正确，辅之正确的方法才有效率。学校学生的培养目标是让每位学生健康快乐有情趣地成长。最难转变的是理念，最终通过民主讨论协商，学校教职工在理念上达成了共识，明确了目标。把学校的办学目标变成全体教职工的理念是教育教学行动的先导，但目标明确不等于行动一致，有时可能是各自为战，如何把共同的愿景转化成统一的行动，需要学校的宏观调控——整体课程规划。

## 二、课程规划，以人为本

在不同的教育阶段，设置什么课程，包括哪些学习主题，各门课程所占的分量关系如何，需要精心进行设计。课程规划是教学活动的设计蓝图，它规定教学的方向、范围和进程。

学校明确学生培养目标和教师成长方向后该怎样整体规划课程呢？《基础教育课程改革纲要（试行）》指出："为保障和促进课程对不同地区、学校、学生的要求，实行国家、地方和学校三级课程管理。"

### 1. 基础性课程

基础课程就是国家课程。学校根据《山东省基础教育课程改革实验区义务教育阶段课程安排表（试行）》严格落实国家课程，开全课程，开足但不开超课时。开全课程是为了学生的全面发展，不开超课时是为了提高课堂教学效率，向课堂要质量，高效才能减负。

### 2. 发展性课程

这是一个多类别、分层次、个性化的课程体系，包括地方课程和学校课程，目的是让学生在基础课程的基础上个性化发展，为学生的持续发展打好基础。课程内容如下。

（1）生命教育课程。

最主要的生命教育课程是体育。学校要保证体育课的周课时数，保证学生每天的体育活动时间不少于一小时，以让学生拥有健康的体魄。要教育学生珍惜生命，首先要养成健康的生活方式，不做损害生命的事。其次是要享受生命，尊重他人的生命。学校的生命教育课程体系见表1。

（2）实践性课程。

包括实验探究、剪纸、泥塑等内容，培养学生的动手操作能力和探究能力。

（3）美育课程。

美育的目标是造就丰富的灵魂，使人有丰富的情感体验和内心世界，现在许多家长好像很重视孩子的艺术教育，给孩子报特长班学技能，如弹钢琴、画画……但很多家长的出发点极其功利，这违背了美育的本义。美育决不仅是学一点吹拉弹唱或者画画的技能，它的范围广泛得多，凡是能陶冶性情、丰富情感的活动都属美育范畴。

表1　学校的生命教育课程体系

| 课程名称 | 课程性质 | 课程内容 | 课程目标 |
|---|---|---|---|
| 安全教育 | 地方课程 | 社会安全、公共卫生安全、意外伤害安全、自然灾害安全、校园安全、网络、信息安全 | 掌握必要的安全知识和技能,具有一定的自救能力 |
| 人生规划 | 地方课程 | 职业生涯认知、职业领域探究、职业生涯准备、职业生涯规划 | 养成健康的生活、学习方式 |
| 心理健康 | 学校课程 | 使学生不断正确认识自我,增强调控自我、承受挫折、适应环境的能力;培养学生健全的人格和良好的个性心理品质;对少数有心理困扰和心理障碍的学生给予科学有效的心理咨询和辅导 | 拥有健康的心理 |
| 大课间 |  | 韵律操、太极拳 | 体会生命的动静结合 |
| 环境教育 | 地方课程 | 环境安全、可持续发展 | 激发环境忧患意识;增强环境道德意识;提高环境参与意识;形成正确的可持续发展意识;学习环境知识;掌握解决环境问题的基本技能 |

棋类课程:是学校的校本课程,开设了国际象棋、围棋、象棋、军棋、五子棋、跳棋。1~4年级:以跳棋、五子棋、军棋为主;5~6年级:以中国象棋、围棋为主(适当渗透棋类知识,让学生掌握简单的下棋技巧);7~9年级:以围棋、中国象棋、国际象棋为主。通过棋类活动,增强学生的参与意识,锻炼学生的意志品质,陶冶学生的情操,净化学生的心灵,促进学生人格的完善和情感态度价值观的形成,从而提高学生的文化修养与人格魅力。

文化传承课程:一方面开设地方课程"齐鲁文化",一方面积极引入社会资源,聘任了社会上的一些艺术家为艺术顾问,开发出了"鲁北大鼓""京剧""数来宝""山东快板"等校本课程,深受学生的喜爱。

经典诵读课程:让学生爱读书,读好书。

## 三、课堂改革,有效保障

从2007年年底,我们就严格执行《山东省基础教育课程改革实验区义务教育阶段课程安排表(试行)》,精减了语文、数学、英语、物理、化学的课时数,目的是在杜绝教师"水大泡倒墙"的低效做法,提高课堂教学的有效性:备课的重点是学生,学生预习会的不讲,通过合作学习能掌握的不讲,教学难点要精讲,切实提高教学的效率。有效率的老师才是优秀的老师,是我们学习的榜样;教学效率低的老师,靠时间逼压学生,即使取得好的成绩也是靠牺牲其他学科的成绩换来的,这样的成绩不是光荣,而是自私;这样的做法不是勤勉敬业,而是慵懒不作为。我们的课堂要给学生打开一扇窗,而不是给学生一堵墙。为此,教学处着重对学生的预习方法进行了指导,培养学生的自学能力,提出了"实施有效教学,构建高效课堂"教学改革建议,理科教学探讨"30+10模式"。

## 四、蓝图执行,教师第一

有了较为科学的发展规划,学校也就有了发展的蓝图。如何把这一蓝图变为现实,高素质的教师团队是实施的关键。因此,建校伊始,学校就把教师的专业成长作为学校建设的重中之重。

### 1. 加强合作,完善集体备课制度

为加强教师间的合作与交流,提高课堂效率,学校形成了集体备课制度。该制度实施分为集体备课阶段和个性化备课阶段。集体备课阶段,主备教师与参与教师分工明确,积极议课,形成共性教案,后由各位教师进行再备课,形成个性化教案。该制度既发扬集体的智慧,又突出个人的特色,达到了积极构建高效课堂的目的。在集体备课的基础上,学校积极组织一线教师进行备课比赛,极大提高了每位教师的个人备课能力,为课堂教学做好了充分的准备。

### 2. 开展各项比赛,引入教师发展竞争机制

学校通过教师备课大赛、以说课为主的教师基本功大赛、教研组活动比赛等多种形式的比赛激发教师发展的激情,增强教师成长的动力。

(1)教学反思演讲比赛。教师结合自己对课堂教学的认识,把自己在课堂教学中的收获、迷茫与困惑,甚至对某一节课或课堂教学某一环节的看法和理解写成演讲稿。教研处定期按一定比例从教研组内抽取相关人员进行演讲比赛,并组织评委进行评比打分。在演讲比赛的影响下,全体教师真正掀起钻研教材教法的热潮,了解学生,积累课堂教学经验,畅谈对课程改革的认识与感悟,创造了浓厚的教研氛围。

(2)教师基本功。教师基本功包括普通话、粉笔字、多媒体使用等方面,从本学期开始,教研处组织说课比赛,促进教师基本功的提升,收到了良好的效果。

### 3. 关注新老教师发展，构建教师成长共同体

学校促进教师专业成长的又一重大举措就是通过"结对子"的方式构建教师成长共同体，新老教师结对帮扶，共同发展。集体备课、同课同构、同课异构是教师成长共同体活动的主要形式，其中集体备课是基础。在此基础上，新老教师共用同一份教案，采用相同的教学方法，执教同一堂课，即所谓的"同课同构"。这一过程注重老教师对年轻教师教学的指导，这是教师成长共同体活动的初级阶段。伴随着年轻教师的不断成长和老教师教学经验的进一步丰富，教师成长共同体活动由同课同构转向同课异构，即新老教师在集体备课的基础上，采用不同的教学方法、教学手段和教学模式执教同一堂课，这是教师成长共同体活动的高级阶段。目前，同课异构活动在学校已经掀起了高潮，新老教师争相执教校级公开课、观摩课。同时，学校组织评委对年轻教师的课堂打分，增强了年轻教师成长的动力。现在，学校新老教师相互帮助、彼此交流、共同提高的良好局面已经形成。

### 4. 打破常规，推出特色教研活动

学校打破以听评课为主的单一教研组活动形式，充分发挥各教研组的主动性，由各教研组长根据自己教研组的特点和组内成员的实际情况，开展课堂大比拼、说课活动、经验交流活动、专题讲座活动等不同形式的教研活动，积极营造浓厚的教研氛围，促进教师专业成长。

### 5. 加大改革力度，注重课题研究

学校借助新学校行动研究的平台，积极寻找学科教学规律，构建自主互助学习型课堂，搭建师生自主选择、自主发展的舞台，创建幸福校园，努力打造理想学校。在这一形势影响下，学校掀起了课题研究的高潮。

（1）以小课题研究为突破，全体教师广泛参与，共同提高。

所谓的"小课题"是指课堂教学某一环节、某一方面、某一角度的实用性课题。到现在为止，学校每一位教师都有自己的小课题，概括起来可以分为"如何搞好备课类""如何进行课堂提问类""如何进行学生评价类""如何创设教学情境类""如何引导学生生成类"等40多个类别，为提高课堂效率创造了条件。

（2）以学科课题为主导，积极推进课题研究向纵深方向发展。

现在，学校积极开展学科组课题研究，如语文组"文本细读在语文课堂上的操作"、数学组"学生自主学习能力培养研究"、英语组"初中英语隐性分层

教学之尝试"、历史组"找准有效切入点,构建大历史教学观"、化学组"探究式教学模式初探"、物理组"物理课堂教学中有效互动的研究与探索",并奉行课题研究与课堂教学相结合的原则。老师们在课题研究过程中彼此交流、相互探讨,催生新思维,诞生新理念,产生新方法。

## 五、学生发展,终极目标

教育的终极目标是促进学生的发展。学校不是文明的监狱,而是学生自由呼吸的成长摇篮。我们培养的学生基础课程扎实、有修养、有气质、有能力、有特长,全面发展。学生的潜能就像空气,可以压缩于斗室,可以充斥于广厦——就看我们给他们提供什么样的空间。放开学生的手脚吧,让他们自己走路,也许他们能够更快地奔跑起来。

### 1. 星级学生评选方案

学生综合素质评价的内容分公民道德素养、学习态度与能力、交流与合作能力、实践与创新、个性与情趣、运动与健康六个方面,以促进学生的全面发展和个性发展。

### 2. "十个一"工程

(1)每天读一篇好文章。

(2)每天写一篇日记。

(3)每天背诵一首古诗词。

(4)每天练一页字。

(5)每天唱一首优美的歌曲。

(6)每天提出一个有价值的问题。

(7)每天进步一点点。

(8)每天锻炼一小时。

(9)每天说一句"谢谢您"。

(10)每天说一句"我努力,我能行!"

"十个一"工程的最终目的是让校园书声琅琅,歌声悠扬,笑声欢快,让校园成为学生的精神家园。

(原文发表于《中小学电教》2010年第3期,有改动)

# 让学生静下来

## ——守望学生成长

在教育改革风起云涌的今天,确实需要教育改革家站在时代的前沿,引领教育的走向。但这个社会同样需要孤独的思想者,把目光停驻在宣泄的背后,思索着那些被热闹、浮华所遮蔽、遗忘的问题,让思维在理想和现实的断裂处穿行。古人云:"心不欲杂,杂则神荡而不收;心不欲劳,老则疲而不入。"思想需要经验的累积,灵感需要感受的沉淀,体验需要宁静的反馈。反观很多学生的学习生活,可用一句话来概括:"两眼下视分数,满脸一幅愁相。"在紧张与忙碌中匆匆度日,我们的感觉会越来越迟钝,智慧的火花也会逐渐被湮灭;在急功近利的环境中天长地久,我们的信仰会越来越庸俗,人格也会萎缩,成为精神的侏儒。静下心来想想,其实,浮躁的背后隐藏着空虚,急功近利的背后躲藏着贪欲,这和教育的价值取向背道而驰。

学校不但是学生学习生活的场所,更应该成为学生的精神家园。学校应该弥漫着宁静的气息,留一份闲适,别将生命之弦绷得太紧,因为欲速而不达。高度紧张的学习极易使学生疲惫,疲惫地忙碌往往是出于应付,效率之低可想而知。同时,长期的压抑往往导致兴趣的丧失、灵性的钝化、思维的呆板,并导致各种心理问题的发生。

所以,学校要留一份宁静,让学生享受生命的从容与韵律;留一份宁静,聆听心灵的悸动与低语。学校要回归生活世界,创设一种温暖、宁静的氛围,来润泽学生的生命,在悄无声息中聆听学生成长拔节的声音。

## 一、动静相宜,修身养性

学校活动应有内涵。譬如,课间操是学校最为普通的活动形式,静下心来从学生的角度考虑,仍有工作可做。无棣县第三实验学校的大课间活动是这样安排的:呼号—阳光体操—太极运动。集体呼号是气势的彰显,但呼号的内容如何确定?学校的校训是:"弘德、立志、求实、创新。"用校训做呼号内容显然有些单薄,集思广益,选取了如下内容:"上善若水,自强不息;企者不立,革故鼎新。"

"上善若水",出自老子的《道德经》第八章:"上善若水。水善利万物而不争。"意思是说最高境界的善行就像水的品行一样,润泽万物而不争名利。水,是至柔的,但柔中有刚,不用说澎湃的海浪,水滴就足以石穿;水是最纯洁的,虽然从表面看有可能藏污纳垢,其实它的本质是至洁的;水能与天下万物同处,不论是何种方式,是至容;水滋养万物,但从不与万物争利,是无私;水无处不在,山有多高水有多高,但水从不争高位,"水往低处流",但"高者未必贤,下者未必愚"(白居易的《涧底松》),是无争。水至柔、至刚、至洁、至容、无私、无争,是何等的胸襟与气度!因此,水是"至善",是流动的生命!所以,孔子也发出了"智者乐水,仁者乐山"的感叹!如果我们的行为像水一样助长万物的生命,我们的心境像水一样容纳百川,我们的目标像水一样清晰,曲折而坚定地奔向前方,那么我们就会成为品德高尚的人。这就是学校校训"弘德"的内涵。

"自强不息",出自《周易》中的卦辞:"天行健,君子以自强不息;地势坤,君子以厚德载物。"天(即自然)的运行刚强劲健,君子刚毅坚卓,奋发图强。"自强不息"要求学生具有奋发图强、勇往直前、争创一流的品格。诚如梁启超所言,"君子自励犹天之运行不息,不得有一曝十寒之弊,学者立志尤须坚忍强毅,见义勇为,不避艰险"。这就是"立志"。

"企者不立",出自老子的《道德经》第二十四章:"企者不立;跨者不行。"意思是踮起脚跟想要站得高,反而站立不住;迈开大步想要走得快,反而不能远行。成功的关键是脚踏实地,而不是急躁冒进、急功近利。这就是"求实"。

"革故鼎新",出自《周易·杂卦》:"革,去故也,鼎,取新也。"除去旧的,建立新的,旨在"创新"。

学生通过呼口号,把学校的办学理念和学校文化显性化,继而在学生心中内化为一种目标、一种理想、一种追求、一种信念。

## 二、书法棋艺,陶冶情操

学生静下来,就是能专心致志地从事一项活动,在活动中培养情趣,陶冶情操。为此,学校把书法和棋艺纳入课程。

人们常说"字如其人",是指从字迹可窥见作者的个性。工整刻板的可见其为人端正方直,行云流水的可见其聪明伶俐。人们把书法形容为"无声的音乐""纸上的舞蹈",强调的是书法轻重缓急的韵律。毕加索曾言:"如果我是一个中国人，那么我一定不是一个画家，而是一个书法家，我要用笔来写我的感情。"学校挑选写字基本功扎实的老师担任书法教师，学生每天有固定的练字时间，每学期进行学校钢笔字比赛，这已经成为学校的一项传统。

棋艺包括跳棋、五子棋、军旗、象棋、围棋、国际象棋，低中年级以跳棋、五子棋、军旗为主，高年级以象棋、围棋、国际象棋为主。棋类游戏在我们国家可以说是源远流长，并且独具一格。下棋能促进思维的发展。下棋会促进学生数学方面的学习。同时，作为一种有益身心健康的活动，其还可以丰富学生的课余生活，培养学生顽强的毅力、良好的道德情操，人们常说的"落子无悔"强调的也是一种责任意识。下棋也能提高学生的统筹思维能力。下棋时必须先想后做，帮助做事毛躁的孩子提高"定力"，逐渐养成先想后做、条理有序的好习惯。

为确保棋艺课程的顺利开展，学校申报了山东省"十一五"规划重点课题"棋类课程与学生素养提升研究"，并于 2009 年 10 月立项。该课题主要研究四个方面的内容，即棋类教学与发展学生个性之间关系的研究，棋类教学与培养学生创造性思维之间关系的研究，棋类教学与提升学生文化修养之间关系的研究，棋类教学与提升校园文化内涵之间关系的研究。同时学校从制订计划、健全机构、考核评价、监督过程等方面进一步加强了对课程与课题的管理，并有效地实现了四个结合：坚持课题研究与校本课程开发相结合，与团队活动相结合，与学生品行教育相结合，坚持校内棋类教学与校外棋类活动相结合。一年多来，学校在棋类课程实施与教学中取得了优异的成绩。其中学校国际象棋代表队在山东省"滨州一小"杯国际象棋国际跳棋城市友谊赛上，12 岁组两名同学分别获女子组亚军和季军，12 岁组取得团体第二名的好成绩。现在，学校成为"滨州市国际象棋国际跳棋研究实验基地"，学校校本教材《中小学棋类教学与研究》在 2010 年 11 月由教育部山东师范大学基础教育课程研究中心、山东省教育学会基础教育课程与教学评价工作委员会联合举办的山东省首届优秀中小学校本课程资源成果评选活动中获一等奖。

通过棋类活动我们想让学生慢慢体悟这样一个真理：人生如棋。有的人一生沧桑，尝尽世间辛酸却矢志不渝，最终有志者事竟成，可谓"结局"完美，令人赞叹。有的人春风得意，走好了"开局"，满以为有美好前程，走出了糟糕的一步，自毁前程，令人惋惜。人生恰如下棋，每走一步都需小心谨慎，虽说条条大路通罗马，但要选准正确的方向。方向错了，差之毫厘失之千里，正所谓

"一着不慎满盘皆输"。人生又不同于下棋,如果下棋走错了一步,可悔子耍赖,而人生走错一步,就一失足成千古恨。

书法练习陶冶了学生的审美意识,棋艺活动培养了学生高雅的情趣,进一步丰富了美育的内涵。如果说德育让人的精神世界高贵的话,那么美育会让人的精神世界丰满。

## 三、经典阅读,厚重人格

阅读是我们获得思想最为重要的途径,也是我们充实内心最重要的方式。读书之乐,乐在精神。作者的思想与情怀,作者的经历与遭遇,可能勾起你相同的记忆。著名作家林清玄对于"窗子"和"镜子"有过精彩的比喻:"一个人面对外面的世界时,需要的是窗子;一个人面对自我时,需要的是镜子。通过窗子才能看见世界的明亮,使用镜子才能看见自己的污点。其实,窗子或镜子并不重要,重要的是你的心,你的心广大,书房就大了,你的心明亮,世界就明亮了。"高品质的书对于我们既是"窗子"又是"镜子"。通过这扇"窗子"感知世界的美好,面对这面"镜子"审视心灵的纯净,美化心灵的容颜。

学校每学期都举办"读书之星"评选活动,引导学生静下心来阅读经典。有的班级开展读书报告会专题活动,展现学生的阅读成果。

## 四、思维教学,灵性之光

现在有的课堂气氛很热闹,但从思维的角度来看,学生的有效思考所占比重并不大。我们的课堂需要降温——让课堂静下来,让学生的思维活跃起来!如何落实,我们有如下几种做法。

### 1. 预习要充分,培养预见性

俗话说,"台上一分钟,台下十年功",如果没有充分的预习,那既没有知识的生成,也没有能力的迁移。在实际教学中很多教师又错把自己的思考当作学生的思考,错把自己的问题当作学生的问题,错把自己的经验当作学生的经验,使得预习指导游离于学生的认知之外——墙里开花墙外香。

预习的本质,形象地说就是让学生找条可以走的路,到达问题的彼岸。至于学生选择什么途径到达,和学生的认知水平、经验体会和思维习惯密切相关,教师要相信条条大路通罗马。因为每一个学习者都是一个独立的个体,不能也不可能千篇一律。

## 2. 合作探究要真实,落脚深刻性

合作探究是课堂教学的重要组成部分,也可以说是重要的学习方式。学生合作探究的过程中,教师是组织者和引导者,无须过多讲授。如果仅从这一点来判断课堂教学的真实性与否,结果还有待商榷。因为大多数观摩者关注的是形式,就像学案和课件一样,把要学习的内容印在纸张上就叫学案,呈现在多媒体上就叫课件。其实,学案和课件只是学习内容的不同呈现方式而已。合作探究是否真实发生,关键要看学习内容真实与否。

## 3. 巩固拓展要扎实,突出丰富性

作为课堂教学的最终一个环节,巩固拓展知识要和生活世界紧密结合起来。在课堂教学中,我们预设的问题中往往直接给出了解决问题所需的信息,例如数学中的已知、求证、证明;或许这些信息已存在于学生的头脑之中,例如文科中论述题等。遗憾的是真实情形并不像这样简单。所以巩固拓展一定要扎实,向生活问题靠拢,增强思维的灵活性。

总之,预习是课堂教学的准备,是思维的起点;合作探究是课堂教学的重要手段,是产生思维的火花,能孕育智慧;巩固拓展是认知的夯实、智力的迁移、能力的形成。三者相辅相成,循序渐进,相得益彰。课堂教学的最终目的是培养学生的思维能力,让学生学会学习。"学习和思维不是彼此独立的,而是紧密联系在一起的。学生应该在思维活动中学习,并且也学习思维本身,两个过程是相辅相成的。良好的思维是取得成功的关键。"

(原文发表于《山东教育报》2012 年 6 月 18 日,有改动)

# 在路上·赢未来

老师们:

在寒假放假前的工作例会上,学校提出了 2021 年的工作口号 —— "让系统思维成为学校的习惯!"系统思维是研究和管理复杂反馈系统的一种方法。彼得·圣吉认为,系统思维是要求人们转变自己习以为常的思维习惯,用系统的观点看待组织发展的思维方式。这种思维方式引导人们从看局部到综观整体,从看事物的表面到洞察其变化背后的结构,从静态的分析到认识各种因素的相互影响,进而寻找一种动态的平衡。古人云:"不谋万世者,不足谋一时;不谋全局者,不足谋一域。"意思是认识和处理问题必须从整体上把握事物的联系,强调系统思维的重要性。"十年树木,百年树人",育人工作也具有系统性、长期性和复杂性。

管理者不能一天到晚坐在办公室里听汇报,要经常到教室、办公室、餐厅、学生宿舍走走转转,掌握第一手信息。没有调查就没有发言权,待在办公室,什么也看不到,何谈"看得准""看得透""看得全""抓得快"。一旦走出来,就会发现问题很多,烦心事很多,需要做的工作很多。"剪不断,理还乱",找不到思路,理不出头绪。其实,越是千头万绪、任务繁重,越要注重统筹兼顾、做好协调,善用"十个指头弹钢琴"。学校位于城乡接合部,学生的家庭教育情况大相径庭,再加上是寄宿制,增加了老师的管理与教学负担,很多老师超负荷工作。人在疲惫的时候,若没有方向、没有思路就会感觉疲惫不堪,很容易产生"水大泡倒墙"的倦怠心理。如何引领学校科学发展、长效发展?基于此,我把无棣县第一初级中学2021年的重点工作思想梳理如下,欢迎各位提出宝贵的意见和建议。

## 一、德育有灵魂

我走上校长工作岗位已六年了,我时常思考一个问题:校长的第一要务是什么?就是让一所学校具有自己的"校魂"。一所只有八年历史的大学——西南联合大学,时常浮现在我的脑海中,给我以启发。

1938年4月,国立北京大学、国立清华大学、私立南开大学在长沙组成了国立长沙临时大学,西迁至昆明后,改称为国立西南联合大学(简称"西南联大")。抗日战争的烽火催生了这所特殊的大学,西南联大在昆明办了八年,在中国教育史上树立了一座不朽的精神丰碑,创造了中国乃至世界高等教育史上的奇迹。西南联大师生秉承"刚毅坚卓"的精神,在抗日战争年代、在民族存亡的生死关头,为国家培养了8000余名人才。其中,培养出两位诺贝尔奖获得者、八位"两弹一星"功勋奖章获得者、170多位两院院士等。

当时西南联大的教师虽生活艰苦,但一心为学,一心为国。朱自清得了痢疾,坐在马桶上给学生改了一通宵的作业,被戏称为"坐着马桶改作业"的教授。钱伟长在从广播里听到"九一八"事变爆发后拍案而起,说:"我不读历史系了,我要学造飞机大炮,我要转学物理系!"最终他出版了中国第一本《弹性力学》专著,被后人称为中国近代"力学之父""应用数学之父"。一批批西南联大人正是用这种豪情书写了教育报国、科技报国、从军报国的精彩华章。

现在，教育界有两句话很流行："学校无小事，处处是教育"，"细节决定成败"，但很多学校迷失在了繁文缛节中。细节决定成败有个前提：战略方向是对的。方向错了，南辕北辙，越走离目标越远。所谓学校的战略方向，就是"培养什么人才"的问题。这里的"人才"不是刷题的机器，应是活生生的、有血、有肉、有灵魂、有担当、有家国情怀的中国人。我们学校要培养有世界眼光的现代人，如何让这一育人目标课程化、系列化、无教育痕迹化，是2021年学校德育工作的核心。因此，2021年学校德育包括三项重点工作：德育内容系列的构建、德育课程的构建、德育课堂的创建。

为什么要把德育放在学校工作的首位？立德树人，首先要解决思想的问题。金一南教授说："每个人的智商、情商不同，但人与人之间只有很小的差别，很小的差别却可以造成巨大的差异；很小的差别就是积极或者消极，巨大的差异就是成功或失败。"积极的人朝气蓬勃，积极进取；消极的人怨声载道、不思进取，主观不努力客观找原因，结果可想而知。德育工作该如何去做？我想谈谈我的感想。

放假前，我在学校工会办公室和陈树奎、王国敏两位老师聊起了学校的德育问题工作。陈树奎是一位优秀的思政老师，有着丰富的学生管理经验。我们的话题是时任浙江大学党委副书记郑强教授的视频。郑强提道："到目前为止，能够集我国科技界六大顶尖荣誉（中科院院士、'两弹一星'功勋奖章、国家科学技术奖、八一勋章、改革先锋、人民科学家）于一身的，只有也只有程开甲院士一人。然而，遗憾的是，我们还有很多人，并不知道有这样一位为国家、为民族做出如此重大贡献的杰出的科学家、爱国者。"郑强还表示，"我在演讲中曾说过，如果像程开甲这样的人离去了，我很担心，这些伟大的科学家会把留有我们民族奋斗的记忆都带走，我希望这个魂、这个记忆还留在人间。我们浙大都在问，第二个程开甲何时产生？这是值得深思的一件事情。"陈树奎老师说："应该让我们的学生多看看这样的视频，了解中华民族的苦难，明白如今的辉煌得来之艰难，让学生的心灵受到震撼！"对呀，中国心、民族魂的教育应该课程化。不仅如此，学校要制定理想信念教育、民族精神与时代精神、道德教育、法制教育、文化自信教育、心理健康教育等主题下的细化内容路线图，使学校德育内容结构完善、落细落实，也就是系统化、课程化。

那如何做德育工作才具有实效性？记得2007年无棣县第三实验学校成立之初，第一批学生是住宿生，两周一回家。初次住校过集体生活，时间又长，很多学生不适应。为了丰富学生的业余生活，学校安排在第一个周星期五的晚上集中在教室里看电影。孩子们看的第一部电影是《零下八度》：冰雪覆盖的南极大陆，一场强暴风雪狂扫着冰面。八只南极雪橇犬已在一极地站外的冰雪中孤独地等待了四天，零下 50 摄氏度的严寒、狂风暴雪都不能让它们移动一步，只因为它们相信：主人会来接它们离开这里。一个星期过去了，风雪越来越大，一只年老的雪橇犬支撑不住了，头犬玛雅只能立刻带领大家挣脱绳索自救。头犬玛雅组织大家捕食鸟类，寻找一切可以维持生命的食物。它们仰望着流星，看着美丽的极光，想念着它们的人类朋友，坚信他们总有一天会来接它们。日子一天天过去，15 天、35 天、55 天、155 天……风雪依旧猛烈，雪橇犬却顽强而快乐地活着：它们齐心协力赶走了海豹，为自己赢得了食物；它们在无风的夜里追逐美丽的极光，欢乐开怀；它们为受伤的同伴防卫取暖，不离不弃。在等待了 172 天以后，它们终于回到了主人身边。孩子们的影评写得特别好，围绕合作进行了大讨论。这就是教育，没有灌输、没有指令，只有熏陶和唤醒。

肖川教授说："如果一个人从来没有感受过人性光辉的沐浴，从来没有走进过一个丰富而美好的精神世界；如果从来没有读到过一本令他（她）激动不已、百读不厌的读物，从来没有苦苦地思索过某一个问题；如果从来没有一个令他（她）乐此不疲、废寝忘食的活动领域，从来没有过一次刻骨铭心的经历和体验；如果从来没有对自然界的多样与和谐产生过深深的敬畏，从来没有对人类创造的灿烂文化发出过由衷的赞叹……那么，他（她）就没有受到过真正的、良好的教育。"我们给孩子们提供过多少次心灵的震撼？有多少让他们终生难忘的课堂？又有多少对生命感悟的体验？我们的思想教育能否激励学生一天、两天或一周？一两天也好，一周效果更好。但不能指望一次教育管半年，思想教育要有积跬步至千里的长效机制。

现在，社会上流行一句话"不能让孩子输在起跑线上"，各种校外辅导班满天飞，从幼儿园、小学、初中到高中，大家都在跟风——不能掉队，不能掉队！田径场上早起跑的人，一定是跑得最快的人吗？

如何让德育工作具有针对性？现在，很多学校德育处的工作被弱化、窄化。弱化的表现是只跟着主管部门的文件跑，没有自己的目标，没有自己的实施方案；窄化的表现是德育处变成了学校的"派出所"，工作人员被琐事所累，没有时间思考德育的内容、德育的本质。上学期学校德育处的工作有了可喜的变化,德育处韩莉主任对经常犯错的一些孩子进行了案例研究。具体的案例能够让理论的认识变得感性和具体,能够让研究者对于理论有更加充分的理解。韩莉主任说:"没有规矩难以成方圆,家有家法、校有校规,这很正常。好的制度是为人服务的,要让制度具有温度,学生会更加支持!"通过案例研究,韩莉主任发现很多孩子生活不易:他们缺乏心理倾诉的对象,有苦无处说;缺乏存在感,在家不是好孩子,在校不是好学生。这使我不得不思考一个问题:什么是良好的德育?"给无助的心灵带来希望,给稚嫩的双手带来力量,给孱弱的身躯带来强健,给迷蒙的双眼带来澄明,给弯曲的脊梁带来挺拔,给卑微的人们带来自信。"

无棣县第一初级中学德育工作的愿景:让学生的情感扎根校园,让学生的责任洒满校园,让学生的成长留在校园。

## 二、课堂有活力

我们学校在原有课堂教学改革的基础上,进一步探索高效课堂规律,破译高效课堂密码,构建高效课堂模型,确立"基于大数据下的精准课堂教学",并深入开展探索研究。目的是回归原点:课堂教学应该教什么,怎么教?应该教知识还是应该教思维?应该重结果还是应该重过程?毋庸置疑,课堂教学应该关注学习的过程,关注学生获取知识的方法和途径。课堂教学应坚持两条底线:以学生为中心,让学习在学生身上深层发生;以课程标准为引领,明确学科特征和所要培养学生的学科素养。立足三个原则:预习要充分,培养预见性;合作探究要真实,落脚深刻性;巩固拓展要扎实,突出丰富性。实现三个精准:课程标准解读精准化;教材把握精准化;学情了解精准化。

学校的教学模式是以学定教、以导促学、教学相长。在具体操作中,应以问题为主线,以评价为手段,以合作学习为平台;把脑还给学生,把嘴还给学生,把手还给学生。今后,我们将从问题的发现、生成、解决、拓展等方面深化我们的课题研究。

让学生在宁静的环境中学习,静心思考,放飞思绪;让教师在清静的环境中工作,从容淡定,教书育人;让学校在恬静的氛围中自由地呼吸,慢慢成长,这就是我们的梦想!只要明确目标,理清思路,众志成城,脚踏实地,锲而不舍,就能建立起我们的精神家园!

## 三、学校有朝气

学校不能只用一把尺子——考试成绩衡量学生,要进行综合素质评价,这项工作要成为无棣县第一初级中学的特色。"世界是你们的,也是我们的,但是归根结底是你们的。你们青年人朝气蓬勃,正在兴旺时期,好像早晨八九点钟的太阳。希望寄托在你们身上。"什么是好孩子、什么是好学生?只要努力了、进步了,就是好孩子、好学生。让每一个孩子在班级、在学校有存在感,都能抬起头来说话,挺起胸膛走路,有尊严地活着。让我们的孩子自由地行走在图书室、阅览室、乐器室、特长活动室、运动场,具有中国心、民族魂、世界眼!

愿我们的校园书声琅琅、歌声朗朗、笑声朗朗,成为大家的精神家园。让我们携手同心,共同缔造属于我们学校的神话!

"星光不问赶路人,岁月不负有心人。"希望我们携手奋进,在新的一年,开拓进取,让我们的学校有更好的发展,让更多的家庭和孩子受益!

# 守望

种下一棵绿色的希望,长大后,重回梦起的地方。
你,是否还在默默地守望?

歌声悠扬,书声琅琅,成长的年轮化作美丽的诗行。
你,在守望着生命的成长。

满园书香,宁静安详,悠然的思绪在春风中流淌。
你,在守望着宁静的徜徉。

仰望星空,拥抱梦想,轻灵的梦幻游走在温馨的课堂。
你,在守望着精彩的绽放。

春华秋实,大爱无疆,雨露滋养升腾起爱的海洋。
你,在守望着心灵的故乡!